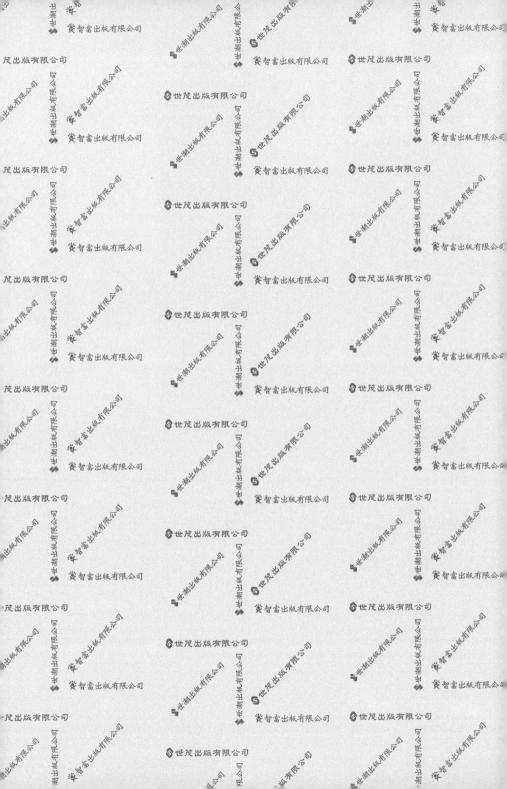

自分でも驚くほど成績が上がる 勉強法

# 東大最強驚奇讀書法

## 日本第一補習名師特訓班

清水章弘◎著
雲譯工作室◎譯

# 必殺！ 筆記本徹底使用術

No.

Dw

## 日本の平和主義

No.13 －①

教 P 62~63、166~171 資 P 30~31

1. 日本国憲法第9条
　　第一項「日本国民は、正義と秩序を基調とする（ 国際平和 ）を誠実に希求し、
　　　（ 国権の発動たる戦争 ）と、（ 武力による威嚇又は武力の行使 ）は、
　　　　国際紛争を解決する手段としては、永久にこれを（ 放棄 ）する」
　　第二項「前項の目的を達するため、（ 陸海空軍その他の戦力 ）は、これを保持し
　　　　ない。（ 国の交戦権 ）は、これを認めない。」
＊日本国憲法制定の経緯はすでに学習済み
　　GHQの考え方＝日本の（ 軍国 ）主義を阻止 ex. 5.15事件, 2.26事件
　　憲法第9条に対する国民の世論：変更しない方がよい（ 74 ）％（教科書 p 62）

2. 戦後世界の動きと自衛隊

板書和講義要
用2種不同顔
色抄寫

①冷戦の成立　　東側
　（ ソ連 ）　　　　　　　　　　　　　　　　　　　　西側
　　　　　　　　　　　　　　　　　　⇔　　　アメリカ合衆国
　中華人民共和国（1949成立）　　　　　　　英、仏、西（ USA ）
　ヴェトナム、北朝鮮、　　　　　　　　　　　日本 など
　キューバ など
　　　‖　　　　　　　　　　　　　　　　　　　　　‖
　　東側＝（ 社会 ）主義国　　激しい　　　西側＝（ 資本 ）主義国
　政治のしくみ：（ 一党 ）独裁　　（ 核 ）　　　（ 複数 ）政党制
　経済のしくみ：（ 計画 ）経済　　開発　　　　（ 市場 ）主義経済

②自衛隊の成立
　1950年（ 朝鮮戦争 ）のはじまり：米ソによる南北分断
　　USA：国連軍を形成して南を支援
　　ソ連：北側の朝鮮統一の動き、中共の支援　）→ 1953 休戦協定（板門店）
→　USAの対日観の転換　＝　日本は（ 社会 ）主義の防波堤
　　　　　　　　　　　　＝（ 警察予備隊 ）の結成 → 保安隊
　　　　　　　　　　→（ 自衛隊 ）の成立（1954年）

1950、朝鮮戦争
北朝鮮…金成
韓国
└→ 国連軍 x
1953、休戦協定

③日本の戦争終結＝1951年サンフランシスコ講和会議
　参加国：USA、英、仏など＝ 資本主義国（西側諸国）
　招待されず：中共など
　調印を拒否：ソ連など＝（ 社会 ）主義国（ 東側諸国 ）
→ サンフランシスコ平和条約の成立＝日本の（ 独立 ）
　　ただし、小笠原諸島（1968返還）、沖縄（1972返還）の米軍占領
→ 同時に（ 日米安全保障条約 ）条約の締結
　　内容：日本が他国に攻撃されたとき：米軍が支援する。
　　　　　　　　　　よって、米軍は日本国内に軍事基地をもつ
　　米国が攻撃されたとき：日本は関らない。

国連　東 ソ連
画 アメリカ
イギリス
フランス
中国

アメリカが
国連に軍隊
を要請した時、
ソ連は中国と
台湾問題が
あったため参加
していなかった。
そのためアメリカ
の要請がすぐ
に通った

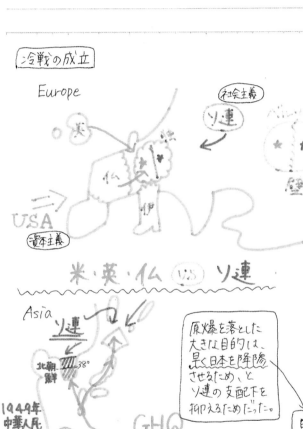

No.

Date

冷戦の成立

Europe

社会主義

ソ連

資本主義

USA

米・英・仏 VS ソ連

Asia ソ連

北朝鮮 38°

1949年
中華人民
共和国

GHQ

台湾
＝
中華民国

ベトナム

ドイツはヨーロッパ
イギリス以外の国を
支配していた。
アメリカはイギリスと
一緒にドイツを支配
しようとした。
それと同じ頃、ソ連も
ドイツを支配しようと
していた。
結果、ドイツとベルリン
が2つに割れて、
ベルリンにはベルリンの
壁ができた。

原爆を落とした
大きな目的は、
早く日本を降伏
させるため、と
ソ連の支配下を
抑えるためだった。

日本はアメリカでは
考えられない特攻隊
という武器を持っていた
ので地上戦になるのを
とてもおそれた。

盡可能用圖畫
來呈現！

①準備好橘色的筆和紅色透明墊板！ ②重點和需要背誦的地方用橘色的筆寫下來。 ③用紅色透明墊板遮住後，重點會消失，即可用來背誦了！
➡把筆記拿來當成題庫使用，效果絕佳！ （➡33頁）

用 2 種顏色寫，會看起來醜醜的嗎？

用紅色透明墊板來覆蓋重點！非常方便！

■ **作者介紹**

## 清水章弘

　　1987 年在日本千葉縣船橋市出生。2011 年東京大學教育系畢業後進入東京大學研究所教育學研究科。

　　在海城學園中學、高中時代，經歷過學生會長、足球社團、應援團長、文化祭實行委員等後應屆考上東京大學。在大學時參加體育性社團，一周參加練習五天（一天五個小時），另一方面於 2008 年 20 歲時建立 Plus-T 股份有限公司。身為年輕創業家而受到注目，2009 年得到「NEXT ENTREPRENEUR 2009 AWARD」優秀賞。

　　著有『習慣改變後就會變聰明』『給討厭讀書的你』（超過，高陵社書店）兩本都在 Amazon 讀書指導類書籍排名中得到第一名。在中國、臺灣、韓國皆被翻譯出版。

## 主要媒體報導

　　日本經濟新聞（電子版）、日經產業新聞、週刊女性、Daily 東北、福島民報、President Family、AERA with Kids、小五教育技術、ROLMO、POPEYE、電視朝日「學

生 HEROES!」、J-WAVE「Make IT 21」

## 主要演講經歷

　　鹿沼東高中（櫪木縣）、淑德巢鴨高中（東京都）、四谷國中（東京都）、海城學園中學‧高中（東京都）、東京都市大學等等力高中（東京都）、拓殖大學（東京都）、上智大學（東京都）、筑波大學附小（東京都）、市川市立第二中學（千葉縣）、東京女學館中學‧高中（東京都）、那須高原海城高中（櫪木縣）、福榮國小（千葉縣）、頭川國小（青森縣）、杉澤國小（青森縣）、杉澤國中（青森縣）、三戶國小（青森縣）、三戶國中（青森縣）、三戶高中（青森縣）等。

與讀繪本工作坊的孩子們

## ■ 前言

在這世上我認為沒有「想降低自己成績」的人。

無論是小學生還是考大學的考生，或是為了證照考試而讀書的社會人士，應該都是如此。

大多數的人也都應該是這麼想的，
「既然花時間讀書，就要得到最大的成效。」

這本書就是為了這麼想的人而寫的。

只是本書並不是在介紹「考試技巧」而是「思考讀書」這件事。

我已盡所能地將這本書寫得淺顯易懂，若您願意將本書讀到最後，我會感到非常欣慰。

### 擔任補習班經營者，卯足全力的四年

各位好，我是清水章弘。

我目前是東京大學的研究所學生，並且在四年前開始經營一間「Plus-T」補習班。

我一邊在研究所裡研究教育學，一邊將研究所學的知識應用在補習班裡。

補習班裡的學生雖然只有一百位左右，但托大家的福，從創業以來，學生人數一直持續上升中。

大家好，我是清水章弘！

我們並沒有打任何廣告，幾乎都是靠口耳相傳而成長到目前的學生人數。

在少子化的現在，學生人數能在不打廣告的情況下持續成長，這件事使得外界視我們為「謎樣的補習班。」

這些，都是真實故事。

「期中考英文拿 7 分的高中生，卻在期末考拿到了 90 分！」

「只花三個月，就將大學入學模擬考成績等級，從 E 級變成 A 級[1]！」

等等，諸如此類看起來誇大不實的故事，在我們的補習班裡不斷發生。

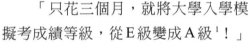

究竟我們是如何做，才創造出這種種奇蹟呢？

老實說，我們教的只是「讀書的方法」。

當然我們同樣也進行英文、數學、國文等學科指導，但我們更強調教會學生「這個學科該如何讀？」的方法。

只要熟練「讀書的方法」，即使花同樣的時間讀書，

「濃度」也是完全不一樣的。無論是在學校上課，還是在家自習，「濃度」都會改變。

我們把補習班的學習成果集結成書籍出版後，獲得電視、廣播節目、報紙、雜誌等許多媒體的採訪，並且在 Amazon 的學習指導類書類排行榜中，創造了連續一年半維持第一名的記錄。

這樣的結果，使我受到許多學校的邀請，到學校裡舉辦演講活動，我感到非常榮幸。

不過，因為我分身乏術，所以不可能到每一所學校去演講。

我很想傳達一個觀念給所有國高中生們，就是「讀書讀不好不是你本身的問題，而是讀書方法出了問題」，即使知道的人多一個也好，但實際上我很難做到。

因此我寫了這本書。

這本書就像是我去各國、高中，進行 5 個小時的演講課程一樣，我是以這種方式寫出來的。

因為想要去演講卻無法達成，但我還是想以大多數國高中生為對象，就這樣我完成了這本書。

我將許多的想法，一字一句慎重地寫進這本書中。

## 理解讀書本質，就能帶來奇蹟

我在前面提過，這本書並不是在介紹「考試技巧」，而是「思考讀書這件事」。

為什麼不寫「考試技巧」，我有兩個理由。

第一、在這個高度資訊化、全球化，全世界在急速變化的社會中，我不想寫一本毫無遠見的技巧書，只想在書中多傳達一些與讀書本質相關的事情。

第二、若真的想要提高成績，只靠技巧是行不通的，因此「思考讀書這件事」特別重要。

「為什麼要讀書？」

「讀書是什麼？」

「接下來的時代，需要的能力是什麼？」等等，面對一個個問題，最重要的是如何漸漸調整自己的行動。

抱持著這種想法，我投注心力，寫下本書中休息時間的專欄「根本論」，請大家以輕鬆的心情讀一讀吧！

## 只要改變行動，你也可以召喚奇蹟

好！要開始上課囉！

讀完本書，請你立刻行動，召喚
奇蹟！

馬上調整
行動吧！

這五個小時，我將卯足全力，告
訴你所有一切，請跟上來！

那麼，我們就開始吧！

註1：日本大學入學模擬考將成績分為五等級，A 為最高級，
　　等級越高，考上志願學校的機會越高。

# 第一堂課

## 上完課，就記住

你好,終於開始上課了。

第一節課的內容是關於「上課的技巧。」

那麼!
開始上課囉!

從現在起,我將開始一共五堂課程。一開始我想讓大家先學會「上課的技巧」,從第二堂課起,我才會提高整體上課的效率。

那麼,就趕緊開始我們的課程吧!

雖然大家都像現在這樣聽我講課,不過聰明的人在上課的時候,在聽課的同時,他們是如何思考的呢?

## 征服課程的得勝!

首先,我要說的是,我認為上課是讀書最重要的一件事。

讀書可分成預習、上課、複習等部分,若問我哪一部分最重要,我一定毫不猶豫地回答「上課」!

這是為什麼呢?

這是因為,和上課時間比起來,無論是預習還是複習,上課所花費的時間最多。

在家預習,最多大約花一小時。

進行複習,再多也是花兩小時左右。

但是上課就不一樣了。我們每天待在學校教室裡的時

間，至少有八小時以上。

　　我們把「預習、上課、複習」三者並列，看起來感覺好像差不多，但「量」卻完全不同。

### 「上課」時間佔一天的絕大部分

　　而且我們在上課時，跟預習、複習相比，能得到的資訊量也不一樣。

　　基本上預習、複習是自己一個人，透過教科書、題庫或是讀自己的筆記來學習，以文字訊息的方式輸入我們的腦中。

　　但是上課卻是將老師的動作、聲音，化作影像、聲音訊息，輸入腦中。

　　有時周圍同學提問的內容，會在你不自覺中，將一些隻字片語留在你的腦海裡。（*1）

　　為何影像或是聲音比較容易留在腦中？我用電視、電影比書籍內容更容易記下來的情況來說明，相信各位能簡單瞭解這個道理。

　　有些人會在上課時睡覺，這是非常浪費的行為。

　　「等一下再複習就好。」雖然這麼說，但上課與複習所能接受到的資訊量是完全不同的。

　　如果你習慣在上課時睡覺，請馬上改變你的作息。

　　在家為了讀書而減少睡眠時間，卻在學校上課時睡覺，這完全是本末倒置的行為。

　　「上課是非常重要的！」請你一定要擁有這種觀念。

　　那麼，既然上課這麼重要，我們該如何有效地活用它呢？

　　接下來我要具體說明關於如何上課的方法。

　　首先，來思考一下「筆記」。筆記是上課時的基本。要做什麼樣的筆記才對呢？

（*1）借用日本詩人古川俊太郎的形容：用「眼睛」讀，讀進腦裡。那麼，用「耳朵」聽，就會聽進心裡。（《閱讀力・傾聽力》河合隼雄・立花隆・谷川俊太郎 著／岩波書店）

## 外國原文書的「筆記技巧」本質

寫筆記的重要性，相信無論是誰都不會懷疑。

如果我們現在去一家書店看看，在書架上可以找到整齊地排著許多主題為「筆記術」的書籍或雜誌。

我研究過許多筆記術，也從國外買來許多書研讀。（*2）

在這些書中，充滿著許多有趣的 know-how。

其中許多讓我不禁發出驚嘆：「咦？竟然有這樣寫筆記的方法！」

但是有一件事是很多書裡都沒有寫到的，那就是「為什麼我們要寫筆記」，也就是探究本質的問題。

有許多書中都會寫著關於「怎麼做筆記？」「聰明人

怎麼做筆記？」等情報，但關於「為什麼我們要寫筆記」
的本質探討，卻比想像中還要少。

　　少了這個問題，即使討論「這樣做就對了！」等等方
法，最後只會偏離讀書的本質。

　　到底，我們為什麼要寫筆記呢？

　　（*2）國外的書比日本國內有關筆
記術的書，許多都還要有趣多了。
對英文拿手的人，推薦你去看看英
國里茲大學（University of Lee-
ds）Stella Cottrell 教授所寫的
《Teaching Study Skills and Sup-
porting Learning》。當然，書裡
沒有什麼異想天開的技巧，但因為是用英文寫，需要集中精神
慢慢讀，所以雖然內容跟日文書裡寫的技巧是一樣的，卻更能
深深地印在你的腦中。

## 筆記就是「複習指南」

　　為何要寫筆記的理由，雖然可以列舉很多點，但依本
質來講，理由就只有一個。

那就是「為了更熟記所學到的知識。」
　　那麼，為了熟記所學到的知識，我們該怎麼做才對呢？

　　那就是複習。如果沒有複習，在你熟記之前，就會忘記你所學過的知識。

　　為了複習，你非常需要在上課時寫筆記。
　　也就是說，筆記是你的「複習指南」。
　　只有在複習的時候，筆記才會發揮它的生命力。
　　如果不複習，筆記就只是寫了一堆文字的紙。

　　表面上來看，卯足全力狂抄筆記，這個動作好像很令人讚賞。
　　但是如果沒有複習，你抄筆記所付出的努力，就會完全白費。（*3）

　　**請記得筆記是在有複習的前提之下，才能成為你的「複習指南」。**

　　關於筆記的事情，我們接下來會具體地慢慢討論！
　　大家在複習時，比較喜歡哪種筆記呢？
　　當然乾淨的筆記比較好吧？比起髒又無法辨認內容的筆記，乾淨的筆記比較容易讓人產生動力。

雖然看起來，好像乾淨的筆記是最重要的，但其實還有更重要的地方必須注意！

那就是一個「容易令人想起內容的筆記。」

現在我要離題，說明關於「記憶」的事情，請你注意。

這裡很重要喔！

（*3）努力抄筆記，表示你「打算」好好讀書。但是，當自己心裡覺得「我真的很努力耶！」但結果總是事與願違時，請先懷疑自己是否陷入「打算」好好讀書的狀態。再試著問問自己「真的已經讀進去了嗎？」。

## 令人震驚！
## 隔天就會忘記 74%─記憶有極限

不知道你是否有過這個經驗。

在考試之前，即使反覆讀著筆記，也想不起兩個月前學過的內容。

「咦？這本是我的筆記嗎？」自己都覺得不可思議，內容竟然完全想不起來。

雖然你沒有在上課時睡著，也沒有發呆。

「真奇怪……」

所以，你就再次從頭開始，用參考書或是總複習集重新學習。

雖然不見得完全一樣，但不知道你有沒有很類似的經驗呢？

在我寫的第一本書《改變習慣就會變聰明—東大生教你的七種學習習慣》裡有介紹過，著名的「艾賓豪斯的遺忘曲線。」

科學實驗證明，在單靠記憶的情況下，今天記下的內容，到隔天就會忘記 74%。（*4）

### 艾賓豪斯的遺忘曲線

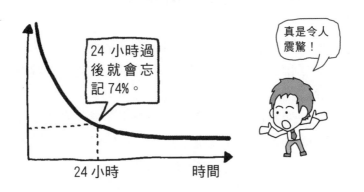

　　這個狀況可以說是，「記憶在『忘記』的世界中消失了」也可以是「就是想不起來的狀況」。無論如何，這都是一件令人哀傷的事，即使再怎麼努力，大部分的內容都一定會忘記。

　　難道沒有防止這種憾事發生的方法嗎？
　　不不不，請你放心，其實還是有方法的喔！

（*4）有關艾賓豪斯的遺忘曲線，「記下來的事，到了隔天就會消逝（4）」用這樣的方式來記憶吧！或是「氣死（74）人的記憶力」之類的，嗯⋯不管怎麼想都會變成負面的詞句呢！

## 首度公開！穩固記憶的兩種方法

　　剛才雖然說過，「在單靠記憶的情況下，今天記下的內容到了隔天就會忘記 74%」，但這句話的關鍵就在於「單靠記憶的情況」這句話。

　　在記憶的實驗中，艾賓豪斯用「子音、母音、子音」創造了無意義的音節（rit, tas, jor, nuk 等等）請受驗者將這些音節記下來，調查記憶的重現率。

　　的確，若是類似這種無意義音節的記憶，很容易就會

忘記。而且，要記起來也非常困難

　　因此在我們平時讀書的狀況下，比起無意義的音節，我們看的內容是有意義的，所以比較不容易忘記。你可以稍微放心一點！

　　話雖這麼說，但不複習就會忘記是個不爭的事實。
　　為了讓自己盡可能不要忘記，到底該怎麼做才好呢？
　　在這裡，要介紹兩種方法給大家。

穩固記憶的兩種方法
①「不容易忘記」
②「容易想起來」

這是我第一次公開喔！

　　方法①是利用諧音記憶，或是將自己的知識結合經驗來記憶的方法。但在這裡我們會先詳細介紹方法②。（會另在第三堂課詳細介紹方法①）

　　在複習時，有時會稍微忘記一部份，是無可奈何的。
　　但是一定得要馬上想起來。

　　為了能馬上想起來，我們所需要的就是「memo」（小

筆記）。

memo 是讓你「想起來的訣竅」。

## 成績一定進步 ─ 成為「筆記魔人」

雖然說是 memo，但所有的文字量也不少。因為是一張張一直寫，累積下來的。

在我國高中時期，超過一半的筆記，都是用許多 memo 所組成的。（*5）

「超過一半？」也許你會覺得很驚訝，確實是超過一半。

我的筆記本打開來，左半邊是寫黑板上的筆記，右半邊則是用來寫 memo。

### 筆記本的右半邊拿來寫 memo

搞不好你會想，「我從來沒這樣寫過筆記呢……」

如果你是這樣想，就請你從今天開始試試我的方法吧！

請用「把所有老師說過的事都寫下來」的方式來寫筆記，把這本筆記變成「只要看這本筆記，就能重現原始上課內容」。

這樣，筆記的右半邊很快就會被字跡淹沒了。

想著要成為這樣的「筆記魔人」，就會自然的專注在課堂喔！

自然而然就能專心聽課。

上課並不是「要專心聽講」，這是不切實際的目標，而是要「把老師說過的寫下來！」這樣的具體任務。

像這樣賦予了上課任務，就會變得能專注在課堂，而且，下課後重新看筆記，也會變得比較輕鬆。（\*6）

只要用這個小小的「訣竅」，你付出的努力就可以順利開花結果。

我們已經學會了在複習時可以容易回想起課堂內容的筆記法。

學習要打鐵趁熱，趁著現在這股氣勢，讓我繼續告訴你關於筆記法的兩種私房技巧！

（*5）對我所經營的補習班「Plus-T」的學生，我同樣也向他們推薦這種筆記法。即使我上課時是以講義為主，我所做的筆記，也是有如本書最前面的彩色頁，將講義貼在筆記本左半邊，右半邊則手寫筆記。請盡可能用圖像來記筆記。

（*6）執行這樣的筆記方式，一陣子之後，這項工作就會自然的變成你自己的一種「準則」，「準則」往好的方向持續下去，就會變成「堅持」。對自己的行動有著一定「堅持」的人，是非常帥氣的。請大家抱著與他人不同的「堅持」吧！

## 私房筆記技巧①
## 「To Do List」寫在右頁上

第一個技巧，是把上課時要做的事情，寫成備忘錄（也就是「To Do List」），並寫在筆記的右半邊。

寫的方式如下頁圖所示。請在筆記本右半頁的最邊邊，先畫一條直線。

在直線與邊緣的這個空間，請列舉出下課之後必須做的事。

## 在右頁畫一條直線

板書　memo　等下要做的事

書下的直線是關鍵！

在寫備忘錄的時候，根據以下項目來寫就好囉！

## ◎「To Do List」項目①：想問的問題。

把上課時在腦中浮現的所有疑問，一點不漏的寫下來吧！

當然，若當場可以提出疑問，請直接問老師。

如果因為害羞，或是上課當時情況不允許發問，

這時候，就必須要在下課之後，問老師或是同學。

「我聽不懂……等一下再問問誰……」雖然這麼想，但卻沒有實際行動。這是因為，當我們進入下課休息時間以後，就會忘記剛剛上課時想問的事。

請在筆記上寫下時間和問題吧！

如果忘記要問，在翻開筆記的瞬間，你就會馬上想起來。（*7）

## ◎「To Do List」項目②：想查的事。

課堂中有時會稍微覺得「咦？這好像很奇怪……」或是覺得「真是不可思議……」「想再知道詳細一點……」等等，這時，請你把這些也立刻寫在筆記右邊。

上課這件事，本來就是為了讓我們對學科有興趣的一個入門，開始喜歡上讀書之後，你絕對會變得越來越厲害。

為了讓你讀書變得更厲害，我最推薦一個方法，就是遇到你有興趣的地方，就開始追問，這樣就可以敲開某個領域的大門。

**每一個科目，在教科書裡沒寫的地方，都有它的趣味之處。**拿尋寶來比喻，可以說，寶物就埋藏在教科書之外的地方。

比如說，日本的學生在社會課裡學到，「鎌倉幕府是由源賴朝所開創的。」

雖然歷史年號和關鍵字很重要，但相信你應該也會產生「為什麼要開創鎌倉幕府呢？」這樣的疑問才是。

接著，請你馬上去調查吧！（如果不知道這題答案的人，請實際去查查看，你會發現答案很有趣喔！）

走出教科書之外，世界就會突然變得寬廣起來。只要發現有趣的線索，請不要錯失機會，積極去調查吧！（*8）

在圖書館查與在網路上查，或者去問別人，買書來看等等，實際進行調查的方法，用各種方法讓想知道的事變得更容易瞭解！

## ◎「To Do List」項目③：記得要帶的東西、功課等。

為了不要忘記帶東西，請把那些東西也寫在筆記上吧！

另外，如果老師出了作業，也請寫在筆記上。

不要忘記「作業繳交期限」喔！這些都是很重要的資訊，對於建立讀書計畫也是必備的。

直覺很強的人，或許已經想到，這個「To Do List」似乎跟一個東西很像。

就是小學時代我們每天都要寫的東西。

沒錯，就是聯絡簿。

　　聯絡簿是為了告訴你的家長，你今天做了什麼，明天要做什麼等等事項，因為小孩子是被家長所照管的。

　　但是成為國中生、高中生之後，許多細瑣的事每天必須自己管理。由自己來管理自己，稱做「自我管理」。因此為了自己，必須寫聯絡簿。（*9）

　　「啊，我今天做過這個呢！」試著做出一個備忘錄，讓自己在下課、回家後，一看就能馬上回憶起今天所做過的事。

（*7）有問題務必「儘快」，而且「一定」要提問。如果不快點問，你就會忘記自己對什麼有問題了。而且不發問，最後會成為「對疑問置之不理的習慣」。讀書的本質是「把不會的事情變成會」。放任自己不懂而不去理解，就不算是真正在「讀書」，反而比較像是安慰自己「我有在讀書」了。這樣一來，無論你再怎麼專心聽課，你的努力都不會有結果。

（*8）閱讀活躍在社會第一線的人所寫的書，你就會瞭解「走出教科書之外的重要」。指揮家小澤征爾曾在 24 歲時表示，「要做外國的音樂，所以我要去國外！」因而離開了日本。小澤先生在  26 歲寫的《我的音樂武者修行》（日本新潮文庫）是一本必讀的書。此書的初版是在昭和 37 年（西元 1962 年），雖然是出版已久的老書，但容易閱讀，是我極推薦的一本好書！

（*9）自己管理自己的能力，被稱為「自我管理能力」，英文叫做 Self Management。自我管理能力無論是在考試時還是出社會後都是最重要的能力之一。從我二十歲創業後開始，就比別人還要瞭解社會的嚴厲，在這過程中我學到的其中一件事，就是自我管理能力的重要性。「必須要做的事，要一件件確實的去做，這是社會人士的基本」，這些都是在不同的場合下、許多前輩教我的事。

## 私房筆記技巧②
## 左頁用橘色筆

第二個技巧，我稱為「消失的筆記術」。

我在每次演講中，都會努力向大家傳達這個橘色筆的技巧，這是因為它非常有效。

「消失的筆記術」指的是將課堂上老師所寫的板書，在上課時用橘筆寫成筆記。用橘筆寫的地方，可以用紅色透明墊板蓋住，就會消失。

我把這個現象取名為「消失的筆記術」，**因為筆記消失了，所以可以直接**

緊張感可以幫助你專心上課！

**將筆記當成練習題來用。**（請參照本書彩色頁）

　　用這種筆記法，在上課時必須用橘筆來寫重點，因此會產生一些緊張感，可以幫助你更集中於課堂。更棒的是，還能節省你許多整理筆記的時間。

　　以上是寫筆記時，希望大家能注意的一些事。

　　其實還有許多需要大家注意的地方，但如果要把所有細節寫下來，篇幅會不夠，所以就先暫時打住。

　　最後，我要教大家，除了筆記以外，還有其他可以讓你專心在課堂上的訣竅。

　　這些幾乎都是能馬上實行的訣竅，所以從今天起，請大家務必嘗試看看！

　　日本有古語說：「明天再做的人是笨蛋！」

## 從父親身上學到的一件事

　　我有兩位哥哥，我從哥哥身上學到很多事情，所以去演講的時候，我常常提到哥哥的事。因為很感謝我媽，所以也會講一些關於媽媽的事。

　　之前有一次演講，有人這樣跟我說：「清水老師家裡成員之間的感情真好耶！可是你卻很少講關於你爸爸的事情。」

想一想，的確是這樣！

我爸爸是個沉默寡言的人，對我們的教育也不太關心。（*10）

小學時我的夢想是成為足球選手，當時跟爸爸一起度過充滿足球的日子。

因此關於讀書的事，幾乎都是跟哥哥討論，跟爸爸討論過的次數則屈指可數（在我創立公司時，許多人生哲學相關的事，卻都是從爸爸那裡學到的）。

爸爸雖然是這樣，但在我國高中時期，他曾經教我一件關於學習的事。因為只有這一件，所以印象格外深刻。

## 唸板書三次就記住

我從來不曾忘記國中一年級時。比起讀書我更喜歡課外活動，無論是足球隊、學生會還是加油團，我都竭盡心力在這些活動上面。（*11）

可是我看著無論是課業、社團都能夠兼顧的同班好友，心裡想著「如果我會讀書一定很酷」於是我就逐漸開始讀書。

話雖如此，但因為我要參加社團活動、學生會及加油團，完全沒有多餘的時間。真的一點都擠不出來，可以說

比現在的我還要忙碌。

當時我和爸爸說了一下。

然後爸爸就簡單地說了一句，「既然如此，那你就在上課時把所有內容都記下來，這樣就好啦！」

（你在說什麼啊⋯⋯）那時候我是這麼想的（笑）。（這種事情怎麼可能做到啊！如果能夠做到，那就輕鬆多啦！）

「不可能的啦！不可能！」當我對爸爸這麼說時，爸爸提出了這樣的建議。

「在口中把老師的板書重複唸三次，再寫下來就好啦！」

（喔！原來如此⋯⋯）即使我心裡這麼想著，但當時正值叛逆期，所以我還是回答爸爸：「不不不，不可能。」

隔天我上學時，試著嘗試爸爸的建議，結果讓我大吃一驚。

這方法的確能讓上課內容進入腦中。

這個方法，真的會記進腦子裡耶！

如果全部課堂都用這個方法會很累，但只應用在社會等需要背誦的科目則效果很好。

進入高中，在我時間更不夠用的時候，這方法的效果就更加明顯了。（*12）

> （*10）小學六年級時，爸爸給我的信中寫著「考試成績這種東西，隨便都好啦！」我很喜歡爸爸果斷又有自己風格的說話方式。從小看著不分擔家事、專心在工作上的爸爸長大，托他的福，我現在也成為了「工作狂人」。
>
> （*11）雖然加油團不是走華麗風格，但我國中三年都參加了，在國三時甚至還當上了團長。當時的體型跟現在的體型比起來有點圓圓的讓我有點在意（→請看第 39 頁）。那時，我是個比起上課，更喜歡參加學課外行活動的國中生。
>
> （*12）對國中生來說可能有點難想像，但在大學考試之前，是真的沒有時間的。想要全部複習一遍，時間絕對不夠。「該放棄哪個才好」當你被迫做出選擇的同時，就會傾向於追求更有效率的讀書法。

## 不看黑板寫筆記

後來我更試著做了一點小改變。

改變就是「唸完三遍，不看黑板直接寫筆記。」

　　這裡有一件值得注意的事，那就是，大家在寫筆記時，不知有沒有發現，其實每個人都只是「在抄黑板」而已。

　　也就是說，並不是將黑板上的內容記下來，再寫成筆記，而是邊看黑板，邊把上面的內容抄寫下來。

　　這樣做一點意義都沒有，只是把黑板上所有的內容全部直接謄寫一遍。

　　先把黑板上的內容讀三遍，把它記下來。

　　此時一邊確認自己是否已記下來，一邊寫筆記，絕不可以看黑板。

　　如果你確實把黑板內容憑記憶寫下來，這樣就 OK，這表示你已經記下來了。但是，如果你寫不出來，當然就代表著你還沒記下來囉！

　　請你想著，「要集中精神，把板書重複讀三遍！」

　　如果一下子記不起來，也請勿太過煩惱，只要繼續下去，就會逐漸愈來愈上手，所以請如同玩遊戲的感覺一樣，持續地做下去。（*13）

在上課時可以複習喔！

　　像剛剛提到的，如果先讀板書，把內容記憶下來，再寫筆記，會產生什麼效果呢？

我（圖左）跟兩位哥哥。

我在國三時擔任
過加油團長。

　　似乎很少有人察覺到，**其實你在上課的同時，這麼做就已經複習過一遍。**

　　因為寫筆記的時候是一邊確認內容、一邊抄寫，所以在聽課、寫筆記的同時，你也正在複習內容。

　　在同學們都以被動接收的方式聽課時，若你能用這種方法主動的去接收上課內容，就可以在上課同時複習！

　　當然像這樣短時間的複習，是無法將內容固定在腦海裡的，因此還是希望你回家時能再複習一次。這麼做鐵定會使你比別人更有效率、更有成果。

　　因為不複習的人，本來就很多。

　　別人前進一步，你已經領先了三步。

　　「唸三遍再寫筆記」我非常感謝爸爸教了我這個方法。

　　我後來有再問爸爸當時的事，原來他那時好像只是隨口說說而已……（笑）。

　　（*13）這也是賦予自己的任務之一。盡可能去享受這個過程。如果無法享受就無法持續進行，只要能夠樂在其中，無論是多久都能持續下去。

## 一邊聽課，一邊覆誦

　　如果覺得讀三次的方法難度很高，可以試著換一種方法做做看。

　　將老師所說的，用默念（只動嘴巴不出聲音）的方式覆誦。

　　雖然可以小聲覆誦，但有人擔心這樣會不好意思，所以我不太推薦大家這樣做。

　　無論如何，就是要重複默念。

　　**重要的地方、不重要的地方，全部默念一遍。**

　　這個方法，非常好用。

　　當然如果等老師說完話再默念，時間上會趕不及進度，所以可以採同步形式，每當老師說完一句話，就隨即跟著默念一次。

　　雖然聽起來是個有點奇怪的做法，但這是英文學習中常用的手法。

　　在英文學習中，有個「跟述練習（Shadowing）」的方法，當說話者語畢後 0.5 秒，學習者隨即覆誦一次，因此稱為「Shadow」（英文的 Shadow 除了有名

這就是跟述練習。

詞「影子」之意，也有動詞「如影隨形」之意。）

　　這樣做的效果，不僅英文發音會變好，也可以學習適應講英文的速度（此法非常有效，不妨在英文學習上多加運用）。

## 「想要」聽老師說話？

　　「這個方法，即使不是用英文上課的課堂也有效嗎？」或許你會有這樣的疑問，但實際上運用之後，你就會發現，竟然每堂課都可以全部都記入腦海，得到如此有趣的結果。

　　因此請在平常就練習看看。你也可以發出聲音來覆誦，但如果認為這麼做很難的話，就請你試著以對嘴方式在心中默念一遍吧！一切都會很順利喔！

　　至於為什麼會有這種結果出現，這是因為大多數人在聽人說話的時候都不專心。

　　雖然想要聽，卻老是左耳進、右耳出。

　　例如：看完電視新聞，有人問：「今天新聞裡有什麼消息呀？」大多數人都會先想一下。

　　就算能夠回答一些消息，但只要對方繼續追問：「那是發生在什麼時候？」「在哪裡？」「關於這件事，專家怎麼說？」等問題，你的腦袋就會開始混亂了。

我們其實並沒有真正在用心聽話，只是「想要」聽而已。

如果是日常會話還沒關係，但在上課聽老師說話，或是團體活動時漏聽了一些話，就會出現問題。

為了防止這種情況發生，請試著實行跟述練習的默念覆誦法吧！

## 將上課內容歸納成一句話

防止自己「想要」聽課，而不是「真正」聽課，可以用跟述練習，此外，還有一種方法。

那就是在上課結束前，將此堂課所學習的內容，用一句話來歸納。

我曾經在一所國小為孩子們演講。

國小位在東京，是筑波大學附屬小學，那是一所實施絕佳教育理念的學校。以下是我在一個優秀國語老師的班上演講時所發生的事。

我當時花了50分鐘，談述關於「讀書方法」的主題，接著老師對學生這麼說：

「好！那麼，聽完清水老師演講後，請大家整理出你認為最重要的三個重點，整理好的人請舉手。」（*14）

在我心裡想著，「怎麼可能，這麼小的孩子，不可能自己把重點整理出來⋯⋯」

然而老師才一剛問完，孩子們就迫不及待地接二連三開始舉手。

「聽完演講，我認為重要的地方，第一個是 OO，第二個是 □□，第三個是 ☆☆。首先是 OO⋯⋯」

多麼令人不敢置信的一幕。

我想老師平常就是這樣與學生互動吧！在每堂課結束後，問學生：「請把今天的課統整成三個重點。」

看到這情況後，我說：「今天想必大家都非常專心地在聽演講，所以才能做得這麼好！」

我平時就在全日本的國、高中，以學生或家長為聽眾，一年進行約 20 至 30 場的演講。但這個小學的學生非常專心地聽我演講，態度不輸國、高中的演講。

將所學到的東西，在課程最後，用一句話來統整、歸納。這件事連小學生都做得到，所以我相信大家也一定可以做得到。

從今天開始實行！

請從今天開始試試看吧！

啊！對了對了，最後再做個補充，

那些小學生是小學二年級喔！

　　筑波大學附屬小學確實集合了許多優秀的孩子們，但他們從幼稚園升上來還沒多久……

　　那一天，我瞭解到，為了要做重點摘要，聆聽的威力會是多麼驚人。

　　希望大家絕對不要輸給這些小學生喔！

　　那麼，第一堂課就上到這裡。

　　好的，最後要給大家一個任務。

　　請把這堂課中，你所學到的內容做成重點摘要！

　　並且在下次上課開始時，發表你的結論。

休息時間到囉！

　　嘿！現在是不是覺得有點緊張？

　　好，做完的人就可以下課囉！

（\*14）那位 K 老師，他在各地演講而巡迴全國，宣傳著新的教育方法。某位教育學家曾經這麼介紹過，「K 老師是日本國語教育中首屈一指的專家之一喔！」我對他「實際實行的教育內容」感到非常驚訝。

筑波大學附屬小學的上課情景。

孩子們迫不及待地舉起手，讓我留下深刻的印象。

## 關於筆記的「本質論」
〜一定要寫筆記嗎？

現在是休息時間，所以在此我要說一些輕鬆的話題。

我想說的是，在上課時不能說的事。

現在想必有人會開始眼睛閃閃發光，充滿期待，可是接下來我所說的，可是很認真的題目喔！（笑）

上課時不能說的事，到底是什麼？原本，上課時只能說「公認為是正確的事。」

若要簡單地說上課不能說的究竟是什麼，就是不能說「真心話」。

如果老師太過於論述自己的意見，就會有很多投訴。

無論是學校，還是書籍風格都無法任意發揮。

但是我不太喜歡這樣，所以現在就以「休息時間」的形式，讓我的「真心話」能呈現在書籍內容裡。

接下來我將以身為年輕研究者的立場，誠實地告知讀者，我對於筆記的看法。

我以「根本論」為主題，是希望大家能夠一起思考最根本的本質。

原本我就不贊成筆記。

但是這麼說容易被誤解，所以現在我要重新正確地再說一次。

若有 100 個人，就會有 100 種筆記；但如果是「全部的人都將板書正確無誤地抄寫成筆記」像這種寫筆記的方法，就一點都不好。

從教學的立場上來看，原本就不必強制學生寫筆記。

首先，老師要在上課一開始，先告訴學生這些重點：「希望每個人都能把學到的知識帶回家」（「希望每個人都能精通內容後再回家」、「希望每個人都能　得到一點知識回家」）。

然後讓老師依照自己的風格，不受拘束地上課，最後再加以測驗。

當然測驗不是考枝微末節，而是考一些概要。如果測驗過於艱難，上課就會變成「為了考試所以要全部都背下來」。

考試時，只從特別強調的重點中出題。

接著將與板書內容一模一樣的講義，發給測驗合格的學生。

「不擅長讀書的人，是否就不用寫筆記？」相信有人會這樣問。

不用寫。像是前面提過的小學生，原本上課就很專注

理解內容，不如把寫筆記的時間拿來用在思考理解會更好。

「這麼做，考不及格的學生豈不是很可憐嗎？」有人會這麼問。

我認為，對於跟不上課程內容的學生，要求他們寫筆記，這才叫做可憐。

「講義不會被公開亂傳嗎？」你或許會這樣想。

即使四處散播也沒關係。如果是沒在聽課的學生，測驗不合格沒拿到講義，他會自發性的想要講義，就會向同學借，像這種情況，講義多多流傳最好。

我並不是説「不要寫筆記」。

我的意思是，筆記若只是完整抄錄板書，學生只是「想要」好好上課，這樣子寫筆記是沒有意義的。

因為被要求「寫筆記」所以才寫筆記，因為大家都在寫筆記，所以才寫筆記，我希望能夠減少這種情況。

這樣做只是讓學生停止思考罷了。

「為什麼要寫筆記？」請問問自己。

如果你覺得自己的結論是有必要寫筆記，再寫就好。

的確，對於「不擅長讀書」的人來説，將板書如實抄寫下來，可能不容易做到。但如果是「擅長讀書」的人，

想要自己利用上課筆記來仔細研讀課程，相信沒有老師有權要求學生不要這麼做。

我在大學時，跟朋友一起合作，進行了一項實驗。

我們找了兩位朋友，連同我自己，一共三人，各自分配所要擔當的角色。

第一個人負責照實抄錄老師上課黑板的板書，要盡可能仔細抄錄，字體要簡潔漂亮。

第二個人負責統整圖表。由於上課板書大多以文字為主，所以這個人要動腦整理，然後把歸納資料製成圖表，並寫成筆記。

第三個人不寫筆記，只要專心聽課。偶而可以隨手寫下容易理解的關鍵重點。

### 筆記實驗中的三人角色

第一個人　　第二個人　　第三個人

現在你可以發現每個角色的目的嗎？

第一個人的目的，是製作複習用的講義。如果沒有筆記，還是會容易忘記，所以盡可能完美的寫出「複習筆記」，能用橘筆來整理重點更好。

第二個人是負責整理上課內容。由於單純的文字資訊不容易記憶，所以要用圖表整理，「總而言之，這堂課課程內容結構云云。」

第三個人是理解課程內容，只專注在上課內容，要求自己能 100%完全理解老師說的東西。第三個人和其他兩者不同，不用動手寫筆記，但相對的，必須要完全理解課程內容。如果其他兩人有不瞭解的部分，就要問第三個人。這是個責任重大的角色。

如此分配角色與責任。

一切進行得非常順利。

每個角色各自有工作分配，只要接續進行即可。

希望團體合作順利進行的話，必須「適性適用」，讓有能力的人適得其所。

若擔心這麼做，個人能力只會在某一方面發展，則可以定期交換責任分配。

一方面熟練所有學習內容，另一方面又能和夥伴一起分工合作，這不正是讀書的本質嗎？

原本讀書這件事就是需要大家一起分工合作，這樣才能聽到各種不同的意見及想法。

當然一個人的獨立思考時間也是很重要的。

大家覺得如何呢？我利用這個休息時間，發表了這樣非正統的言論（笑）。

但是，是不是很新鮮有趣呢？

我在書店看到有關筆記相關書籍很暢銷，想到這個「根本論」一直反覆盤旋在我的腦中。

因為這個原因，雖然有許多出版社拜託我撰寫「以筆記為主題的書」，但我總是一直拒絕。

啊！說了想說的話，我現在覺得爽快多了！

喔喔！說太久了，已經到了下一節上課的時間！

那麼，接著要進入下一節課囉！

請跟上來喔！

# 第二堂課

# 東大生這樣複習

好，現在我們進入第二堂課。

你還記得在第一堂課結束前，我所說過的事嗎？

大家還記得嗎？

我說過，「請把這堂課所學到的內容做成重點摘要！下次上課時要請你發表。」

接下來請依照規定，發表你的摘要吧！

請在右頁上方的欄框中，寫下你的重點摘要。

寫的時候你應該會發覺到一件事。

「寫摘要的時候，我並沒有看任何東西。」

這是為什麼呢？

敏銳的人應該已經發現這個情形，和我之前提到「不要直接抄黑板」是一樣的。

「咦？摘要……我忘記了耶！那麼，看著筆記寫吧！」若你不小心有這種想法，代表你還沒有精通前一堂課的內容。

當然如果忘記內容，可以翻閱前面，再讀一次，但寫摘要時，則請你不要邊看邊寫。

這樣一來，你就能確定自己「是否記得」，同時複習內容。

現在請你在右頁上方欄框中寫下重點摘要吧！

---

請寫下第一堂課的重點摘要。

---

寫好了嗎？

這時候請不要覺得害羞或是麻煩，把你所想的直接寫下來。如果沒時間寫，也可以用口說，無論如何請一定要試試看喔！

寫完的人，請你翻回前面，確認內容是否與自己所寫的摘要一致。

當然並不需要完全一樣，稍微有點不一樣也無妨，我希望你能用自己的意思來寫一遍。

如何？

現在請各位用這樣的方法複習一遍之後，接下來我們要進入第二堂課的主題—「複習」。

原本在上課時「將上課內容學會」是我們的第一目標。但學過的內容，如果不複習就會忘記。而且，不複習也無法更進一步思考。正因為如此，我們需要複習。

## 關於複習：我的思考

說到複習，首先，我想告訴大家我最近在思考的事。

那就是，關於「東大生」的事。

我現在就讀東大的研究所，在一年多前，我還是個東大生。當我與人初次見面，別人會以「他是就讀東京大學的清水」這樣的方式來介紹我。

「真的嗎？好厲害喔！」人們常常這麼說。但自從我進入東大以來，我一直覺得這種介紹方式是很令人困窘的。不知是因為「東大生」的頭銜太過獨特，還是托以前舊帝國大學（*1）知名前輩們的庇蔭，我因此曾被當作是外星人，也曾被視為「天才」。

我從沒認為自己是個天才，周圍的朋友也沒有一位是天才（雖然這麼說，有時還是會遇到天才，這時，我會覺得自己能進東大真是太慶幸了）。

在這種狀況之下，我開始仔細觀察周圍的朋友，終於發現一個事實。

（*1）是指明治時期開始到昭和時期，以帝國大學為名建立的大學。舊帝國大學建立的順序為東京大學、京都大學、東北大學、九州大學、北海道大學、大阪大學、名古屋大學。舊帝國大學的體育會運動部部員，到目前為止仍每年定期舉辦比賽，稱為「七大戰（或稱七帝戰）」。

## 東大生和你一樣！

事實就是「這些人在讀書的時候，都會思考大腦的機制！」。

舉例來說，這是在我進入大學後，準備考試時所感覺到的。東大在一、二年級時，仍屬於駒場校區<sup>註1</sup>，無論學生主修哪一種學科，不管是文組、理組，都一定要修「教育科目」。

因為我想進入教育學系，所以報考了容易進入教育學系的文科 III 類，便順利進入東大。但我在東大駒場校區上課時，所學的科目幾乎都和教育無關，而是關於宇宙、經濟、日本憲法、心理等等。我的第二外語選擇了西班牙文，第三外語則選了馬來文。

我選的課橫跨多重領域，但由於每個科目，每學期都要考試，在這樣的情況下，我發覺到這種現象。（*2）

「**在讀書的時候，都會思考大腦的機制**」究竟是怎麼一回事呢？

這是指讀書的時候，「人們會馬上忘記」這件事。

當然尤其是在駒場校區，有許多人因大學考試的讀書壓力，產生反彈的副作用，所以在進入大學之後，幾乎都不讀書。不過我們把焦點放在真心努力學習的人身上，就會發現這些人反而時常進行複習。

這是東大生的特徵。

他們特別注意自己對正在學習的事物，到底記得多少內容？換個角度來講，他們一邊注意自己忘了多少內容，一邊學習。

在此想介紹我在大學時期，從朋友聽到最令我驚愕的一句話。

那是一位勤勉向學的朋友Ａ所說的話。即使在東大生中，Ａ的成績仍極為優異。大學的成績等級依優至劣分為「優」、「良」、「可」、「不可」四級（*3），而Ａ的成績全部都是「優」，在大學時期就寫出令教授驚訝不已的論文。我曾經問過一直窩在圖書館裡讀書的他：

「為什麼要這麼努力讀書呢？」

A有點害羞的回答我，

「因為我頭腦不好，學過的內容很快就會忘記。」

直到現在這句話仍深深的印在我腦海中。

在那一瞬間，我打從心裡尊敬能坦然說出這句話的

A。

（＊2）在駒場時期，文組需選理組的課，理組也必須選文組的
課。也有很多分不清文理的課程。搞不好與文理無關的課程，
就只有教育科目也說不定。會有許多客座教授來開課。當然也
有體育課可選。在當時我選了從來沒學過的太極拳（上得很開
心喔！）。

（＊3）得到「可」超過的等級就能取得學分。若拿到「不可」
無法取得學分，未達到最低學分標準就無法晉級，也就是所謂
的「留級」在東大，「優」表示超過80分。若努力上課，拿
到「優」並不困難，但全科拿到「優」必須要付出相當的努力
才行。

## 「我是不是頭腦不好？」

「我真是進入了一間有趣的大學呀！」我這麼想著，於是度過了東大的駒場時期。晉級後，我到本鄉校區上課，不久，我就自己創立了 Plus-T 補習班。（*4）我經常受邀到國高中講課或演講，也接受了各式各樣的提問。

我最常被學生問的問題之一是，「我常常背不住單字或公式，很快就會忘記，怎麼辦？」

我往往會聽到學生說出這樣的心聲：「清水老師是因為原本頭腦就很好，所以才做得到這些事吧？如果是我一定做不到。」

「呃…我該如何向大家說明呢？」我認真地煩惱過。

經過幾番思考，我的腦中突然閃過朋友 A 說過的話，於是我頓時恍然大悟。

在這裡，我先將剛剛說過的內容整理成兩個重點摘要。

重點一：東大生會認為自己容易忘記事情。
重點二：大部分的人，也總會認為自己容易忘記事情。

綜合這兩個重點，我們可以知道，無論是東大生，甚至是大部分的人，都覺得「自己很容易忘記」。無論是誰都一樣，這一點很有趣。

　　那麼，差異到底在哪裡？

　　我認為，在感到自己「容易忘記」之後，所採取的「行動」，才隱藏著關於問題的解決方法。

　　因為很多人雖然覺得自己容易忘記，但卻選擇「放棄」的行動。

　　由於放棄，上完課以後就不管了，寫完參考書也不對答案，考試考完也不訂正。

　　完全不複習。

　　我將此現象稱為「敷衍學習」。

　　「敷衍學習」還包括「一邊做某事一邊學習」的「分心學習」，學完之後將學習內容置之不理。（*5）

　　許多人都滿足於自己的「敷衍學習」。

　　相對來說，東大生所採取的行動則是「容易忘記→多做幾次」。

　　許多東大生在國、高中時，認為參考書基本上至少要寫三遍。用「三回合」、「翻了三遍」、「轉了三次」等方式，來形容自己讀了幾次。

## 東大生會寫三遍參考書

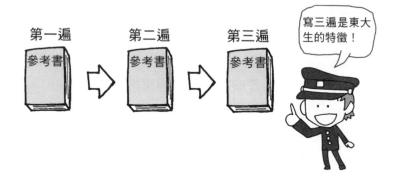

雖然大家都有「擔心會忘記」的現象，但採取的因應行動卻不同。

這裡只是單純地從如何因應「忘記」的現象，來討論得出結果。

由於可能會造成一些誤解，所以我最近改用下面這種方式來說明。

**「東大生並不是頭腦比較好，只是比別人更能認清人類大腦先天不良的事實。」**

會馬上忘記自己曾經記得的事，可見人類並不是頭腦很好的生物。但不會因這個事實而推託，反而直接面對，「複習到怎樣的程度，才可以記下來。」像這樣，會依自

己的狀況來決定複習的必要次數，並確實做到，這就是東
大生。

（\*4）我為何在 20 歲創業的原因，在這裡是寫不完的，因為
原因非常長。寫這本書的現在，是我創業大約 4 年左右，是既
開心、又險峻的一段長路。無論如何，對一直支持我到現在的
人，我要表達的感激之情是說也說不完的。

（\*5）請盡量避免「邊聽音樂」、「邊玩手機」等等的「分心
學習」。但是，有時這樣的學習也能有所效果。像我就是在寫
這本書時，聽安靜的古典樂。記者立花隆先生好像也會邊聽海
浪的聲音、叢林的聲音等自然的聲音邊寫報導（消息來自之前
介紹的《閱讀力・傾聽力》（岩波書店）一書）。考量自己的
工作效率，並嘗試看看這種做法，說不定會有不錯的效果喔！

## 複習是機會！不要逃避！

另外，我認為也可以這麼說。

「複習是機會」。

由於許多人都抱著「自己容易忘記→放棄」的思考邏
輯，但若能直接面對「容易忘記」的大腦機制，必定能得

到更好的結果。

最後我要將這一段做個統整。

**「複習是機會，我們不能逃避人類**
**天生記憶力不良的事實。」**

詳細的讀書背誦技巧，我會在第三
堂課教給大家，現在就以較寬廣的觀點
來思考關於複習的事吧！

不可以
逃避！

## 沒人知道的兩種複習法

首先，一開始，有一件關於複習的事，想讓各位先知
道。

那就是「複習分為兩種」。

接下來我要開始說明，如何辨別這兩種不同的複習方
式。

---

兩種複習法
① 「Input（輸入）型複習」
② 「Output（輸出）型複習」

---

複習很單純，只是有很多人常將兩種複習視為同一種。

詳細的說明如下。

複習法①，簡單地說，就是「記下來」。

我在第一堂課教大家的橘筆筆記複習法，就是屬於這種輸入型複習法。

無論是哪一科，多少都需要「記下來」。

例如：在英文課時，必須記下單字、文法等等。對於社會等文史學科，相信大家比較能夠想像記下來的過程吧！還有，就算是數學，也有一定要記下來的公式、定理等（我相信偶爾有人是在考試時靠自己推論出定理，即使是這樣的人，多少也必須先記得一些基本定理）。

但是複習並不是就此結束，反倒要說是就此「開始」。

複習法②是「輸出型複習」指的是運用記得的知識來「解題」。

做多少才是最重要的！

「咦？這樣做本來就是理所當然的，現在我就是這樣做呀！」有這種感覺的人應該不少，但重點不在於你「有沒有做」，而是「做了多少」。

## 運動也有讀書法

讓我們更進一步來思考「輸出型複習」。

在此我們舉運動為例。

我進入東大後，開始打曲棍球，因此，我想談一下關於當時的事。（*6）因為大一開始新的運動，所以當時我對所有事物都感到非常新鮮。

直到上大學前，我踢了 12 年足球。直到我進入曲棍球社時，曾經聽別人說，「對於像你這種踢了這麼久足球的人來說，由於曲棍球動作跟足球很像，所以很容易上手。」但我完全不懂對方的意思。入社一陣子之後，我得到了一本曲棍球入門書。

當時的我很想要變得很厲害，所以書中的持球方法、射門方法、曲棍球規則等等，我都拚命照單全收。

在開始練球的前幾天，我突然了解當時前輩話中的含意。一旦身體動起來，我就能完全明白書中寫的所有知識。

不過，隔天練習時，我還是會有「咦？昨天練習時我學了什麼呀？」像這樣覺得是否忘記昨天學過的技巧。

進行一項新的運動時，雖然能馬上上手，但卻又忘的

很快，這一點，實在令人非常不甘心。

因此我開始將當天前輩及教練教過的內容，回家後接著用入門書來複習。

「今天學到了新的持球技巧，所以就讀這一段吧！」「喔！原來如此，這段文章要表達的意思原來是這樣呀！」「耶？今天學的跟書上寫的不一樣！怎麼回事？明天問問看前輩吧！」如此開始思考學過的內容。

前輩很細心的指導我，托前輩的福，我的技巧愈來愈精熟，一年級就成為比賽的正式球員。更幸運的是，入隊之後，我很快就得到參加關東聯盟大賽和全國大學聯賽的機會。

回到複習的主題。

敏銳的人應該已經察覺到。我所做的閱讀運動書籍，就是屬於「輸入型複習」。

將書中學過的知識，實際應用在實地練習，這樣的行為，就是屬於「輸出型複習」。

（*6）這裡指的曲棍球並不是冰上曲棍球，而是在草地上進行的曲棍球。雖然在日本進行這樣運動的人很少，知道曲棍球的人也不多，但曲棍球是奧運的比賽項目之一。

## 輸入才是開始

前面說過「並不是在輸入型複習後結束，反而是開始。」不知你現在是否了解這句話的意思呢？

當然，運動及讀書之間並不全都相同，只是有許多相似的地方。（\*7）

只讀書或看影片，平常都不做練習，這樣是無法精通運動的。

在這一點上，運動跟讀書是一樣的。

不管你輸入再多內容（記得再多內容），如果沒有輸出（沒有使用），你就無法學會。

只是靠背誦筆記是不行的，請儘早進入下一個階段，進行「輸出型複習」。然後，當進行「輸出型複習」時，若出現問題，諸如「這裡完全想不起來」等等，這時再回去翻閱上課筆記或參考書複習。

我在演講或是補習班講到這個話題時，常常會有人問我：「在哪個時間點轉換成輸出型複習比較好呢？」這是個很好的問題。

儘早吧！

答案非常的簡單，就是「請盡可能

愈早愈好。」

## 「輸出型複習法」愈早愈好

曲棍球的例子來解釋，不知道你們是否會比較容易明白？

這個問題，以曲棍球的例子來看，就會變成「從什麼時候開始實際運動練習會比較好？」關於這個問題，不知大家會怎麼回答？

如果你是教練，我想你會回答「現在就開始！」

沒錯，就是這樣，正確解答。

請從現在起，立刻改變讀書方法，改掉考試前才開始整理筆記、背筆記的習慣。（*8）

準備考試，最晚要在考試前一週把筆記背完，剩下的一週則專心寫練習題。

若是入學考試，就必須儘早把應試科目看完一遍，提早開始寫練習題、考古題。

**將讀書時間壓縮到最短，寫練習題的時間則盡可能增加，這樣的讀書方法，才是最適當的。**

從今天起，請改變讀書習慣，從「輸入型複習」為主，改成以「輸出型複習」為主！

（ *7）雖然只是假設，但我認為我從社團活動中學到的事，後來有很多都能應用在讀書方面。其實我寫的第一本書《改變習慣就會變聰明》，原本訂定的書名是《想提升成績，就要進社團吧》。但是寫到一半，突然覺得「這樣寫好像會賣不出去……」，於是跟出版社社長討論之後才換了著作方向。如果當時仍用「想提升成績……」的方向來寫，不知道結果如何？真令人好奇。

（ *8）我把在考試前只顧著整理筆記的人，稱為「整理筆記症候群」為了做出漂亮的筆記，卻未記下內容就去考試，這樣的行為已經可說是一種病。此情況容易發生在女生身上，請小心！

## 複習的關鍵是「時機與次數」

接著讓我們進入具體重點及技巧的部分。

在我的第一本書裡，曾經說過「複習的關鍵在時間點。」第二本書《給討厭讀書的你——快樂學習的 22 堂課》中寫著，時間點指的是「當天、隔天、禮拜天」，詳細的內容希望有機會大家可以參閱這兩本書。但在此我想說的是，就複習來說，時間點非常重要。

**複習是要在上課「當天」做一次，然後「隔天」再做一次，最後在較有充裕時間的「禮拜天」再做一次，這樣做三次較為妥當**，這是我的經驗。

　　我讀過許多關於讀書法的書籍，書中有很多計畫在實際上都難以執行，想要記起來也很不容易，所以我創造了這句標語—「當天、隔天、禮拜天」。

　　「當天、隔天、禮拜天」這句標語，在我對國高中生演講時，會請全部聽眾一起大聲說一遍。演講後回收的意見回饋表裡，對於「最令你印象深刻的？」答案常常會出現這句話。在參加人數千人左右的演講中，大家一起喊出這句話，震撼程度超越團體合唱，或許因此會令一些人覺得噁心而印象深刻⋯⋯（笑）（*9）

　　我的主張是「複習不只是時間點很重要，次數也很重要。」但若這堂課跟我以往所寫的書一樣，都在講時間點，那也太無趣了，所以我想換個角度來繼續討論。

（*9）有位曾聽過我演講的服裝設計師，因覺得我的標語很有趣，於是完成了這件「當天、隔天、禮拜天」T恤，衣服背面寫著「TODAY（當天）－TOMORROW（隔天）－ SUNDAY（禮拜天）」，在八戶博物館「Hacchi」四樓「maison de fanfare」好評販賣中。

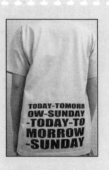

## 「當天、隔天、禮拜天」複習法

假設大家都已經開始複習。

對覺得複習很輕鬆的人來說，也許很簡單，但大多數人或許會因為覺得「做不到」而感到困擾。

為什麼做不到呢？這個解決方法，就在前面提到的「複習分成兩種」裡面。

現在你能說出複習分為哪兩種嗎？

正確答案是：

複習分為「輸入型複習」和「輸出型複習」兩種。

思考這兩種複習的性質差異，就是讓複習順利進行的

訣竅。

## 快速複習、慢慢複習

　　輸入型複習及輸出型複習，特徵如前所述，現在我想告訴大家關於這兩種複習法的一些補充。

　　那就是……

---

① Input（輸入）型複習——短時間也做得到
② Output（輸出）型複習——需要統整的時間

---

　　就是這麼一回事。

　　請你記住這兩個差異。

　　以「輸入型複習」來說，簡單舉例，就像「記英文單字」一樣。在英文課讀英文，如果出現新單字就要記下來，這樣在搭車時也能記英文單字。活用零碎時間，就是輸入型複習的特徵。

這兩個差異很重要！

　　另一方面，以「輸出型複習」來說，例如：「解數學題」這件事在搭乘公共運輸時不容易進行（若為空蕩的捷

運或公車也許還可以，若車廂內擠了很多人，想必難以專心解題）如果有人無論何時何地，都能立刻進入專心模式，或許沒問題，但這麼厲害的人或許很少。因為大多數的人都需要在家裡或是圖書館，才能慢慢地整理、思考。（*10）

雖然應該不太可能窩到深山裡，但若沒有統整思緒的時間，就很難仔細慢慢地思考。

「複習時究竟要進行『輸入型複習』」還是『輸出型複習』」一開始我們要先思考這個問題，想清楚之後再開始複習，更可以事半功倍！

以「當天、隔天、禮拜天」來說，上課當天要選哪種複習方式？隔天要選哪種？禮拜天又要選哪種方式來複習，這些都必須配合自己每天的計畫，效果才會好。

例如：星期一、二、五、六有社團活動，你可以在這幾天使用輸入型複習，其他時間則使用輸出型複習。複習的方式必須搭配上課的時間，你可以試著先做出一星期的時間表。相信會進行得比較順利。

（*10）我自己想要慢慢地思考時，也都會窩在家中或是圖書館裡。想更專注在寫原稿或做教材時，甚至還會跑到深山裡。但不是在山裡露營，還是會住在飯店裡。

## 善加運用兩種不同的複習方式

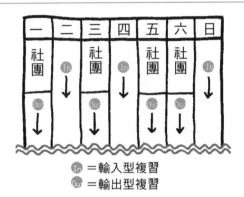

In＝輸入型複習
Out＝輸出型複習

## 數學 5 分鐘複習法

再補充一點。

「如果是數學等學科該怎麼辦？這一科感覺好像只能進行輸出型複習。但排時間表的時候，會發現根本沒有時間好好複習。」相信有人會有這種感覺，但請你別擔心，因為數學並不是只能用輸出型複習。

數學的複習，秘訣在於「記住解題模式」。即使忙得沒有時間，也能以輸入型複習來複習數學。

接下來要詳細說明數學複習的方法，請看下列步驟。

五分鐘記住解題模式
①看題目（1分鐘）
②想出解法（1分鐘）
③看解答與解說（1分鐘）
④記下來（2分鐘）
※若得到正確解答，則可進行下一題。

　　請試著計算看看你所花費的時間。1 + 1 + 1 + 2…
沒錯，正好是5分鐘。

　　用這種方式來複習，每題只要花5分鐘，就能記下解法。

　　即使忙碌，也能利用零碎時間來提升成績。

## 有充裕時間要多鍛鍊頭腦！

　　但是這種複習方式無法體會數學的樂趣，並不能算是真正在學數學。這種複習法是讓你變成機器一樣，只是把題型記憶下來。

　　如果有時間，請你務必騰出一個能慢慢思考的時間，一邊解題，一邊發出「喔～喔～」恍然大悟的聲音。跟數

學「決鬥」吧！如果不動手解題，就無法培養數學運算能力，也得不到解開題目的正面肯定。

有人說「背誦可以輕鬆提升數學成績。」但實際上，我認為數學是一門必須花時間慢慢研究的科目。（*11）

（*11）雖然下面舉的例子有點極端，但獲得有「數學界諾貝爾獎」之稱的費爾茲獎（Fields medals），數學家廣中平祐曾經這麼說過，「即使出題目給學生回答，就是會出現問『這個問題花一年可以解出來嗎？』的傢伙。反正這種人不會有所成長。所以如果要出問題給學生就要出給會沉醉在這問題中的人。只有這樣的人，未來才能找到真正的好工作。」（『有顆柔軟的心』小澤征爾・廣中平祐／新潮文庫）

「耶？一年？」可能有人會因此感到驚訝，但在大學數學中的確有這樣的難題存在。雖然是有點極端的例子，但沉醉於題目中，需要慢慢花時間面對，這才是數學的本質。

在第二堂課中，我詳細說明了關於複習的事。

「敷衍學習」、「輸入型複習」、「輸出型複習」，本堂出現了許多名詞。

你能夠用自己的方法，說出第二堂課的重點摘要嗎？

雖然有點麻煩，但請你想一想，因為我在第三堂課一開始，就會檢查重點摘要喔！

那麼現在進入休息時間！

休息一下。

休息時間

# 關於複習的「本質論」
## 〜為什麼複習這麼無聊？

又來到了休息時間！

在前一段休息時間中，我們談到一些關於筆記的主題。

這次我也同樣毫不保留地與大家分享我關於複習的想法。

複習這件事，為什麼這麼無聊呢？（笑）

「我最喜歡複習了！」相信很少人會這麼說。

上學最開心的，還是輕鬆聽老師上課說笑話的時候。

有趣的老師上起課來不只像搞笑藝人弄得學生情緒很High，同時還能完全掌握教學內容，把課上得很好，但這樣的老師我認為並不多。

我認為好的老師並非單方面講授課程，而是能進行團體學習，給予學生思考時間，即使老師不能營造高昂的上課情緒，卻可以平穩確實的上課。

當我在上這種老師的課時，或是自己在算數學時，還有感覺像在解拼圖般有趣的問題時，我會非常享受這種可以「愉快動腦的時間」，以及那種「我解出來了！」、「我懂了！」的瞬間。

在這些時候，腦中會分泌一種稱為「多巴胺」的快樂物質，會讓我們感到開心、興奮。

但是為什麼複習如此無聊？

恐怕純粹只是因為麻煩。

其實我很喜歡解新的題目。但是「為什麼解過的題目還要再解一次呢？」複習的時候會出現像這樣的厭倦感。

雖然如此，我卻認為複習要「當天、隔天、禮拜天」，還大言不慚地說「大家要好好複習喔！」這樣，你們大概會覺得「這傢伙在搞什麼啊！」但我畢竟還是找到了能夠享受複習的方法。

為何不在上課時間跟大家說，是因為希望你們能自己試著尋找答案。

即使會被大家討厭，我還是覺悟，必須要跟大家說，讀書的方法原本就是要自己找出來。你們願意上我的課，對我來說是一種鼓勵，可以說你們都是我的「恩人」，所以我不希望大家變成「照單全收」的人，更不希望大家對我的話堅信不疑，所以希望大家能用自己的腦袋去思考。

因此我才在休息時間提出這件事。

那麼，該如何用自己的頭腦去思考呢？

其實只要思考「為什麼？」「該怎麼做？」就可以了。

例如：你現在覺得「複習好無聊喔！」那麼請開始思考「為什麼會覺得無聊呢？」

接著要思考「怎樣才會變得有趣？」

像這樣的思考方式是非常重要的。

思考「為什麼？」「該怎麼做？」真的非常重要。

雖然我已24歲，以年齡來說還是青年，所以我用「人生」這個詞應該沒什麼說服力，但因為這一段是屬於休息時間，所以就請各位多多包涵。作這些思考，與你是否能享受人生之間有很大的關聯。

覺得我說話太誇張的人，也請先聽我把話說完。

從現在開始，我會變得有點熱血喔！

如果你覺得「好無聊喔！」並且一直抱持這樣的想法，結果就會導致惡性循環。

如果你覺得「讀書好無聊喔！」並且一直抱持這樣的想法，你就會漸漸變得不會讀書，結果讀書這件事果然變得很無聊。

由於上學就是要讀書，所以如果你覺得讀書很無聊，

自然連上課也變得無聊起來。

我的確認為目前學校的教學型態需要改變，但學生目前所能做的因應方法，也只有努力學習。

如果真的想要改變學校的教學型態，就必須要努力學習之後，變成大人再發起改變行動。為此必須好好從頭學習並培養具有內涵的應答及發言能力（請大家務必朝向改變的道路前進）。

學校的選擇並不多，除了可以轉到距離自家較近，或是找比較適合自己的學校以外，大多數的學生都必須要去適應目前所就讀學校的教學型態。如果因為討厭讀書，上課起來就會覺得無聊，連帶覺得學校也很無趣，接著就會開始對自己沒有自信，開始否定自己。

所以我希望大家都能變得會讀書。讀書原本是一件有趣的事，如果因為種種狀況，使得學校變成一個無聊的地方，那就太可惜了。因為我抱持著這樣的想法，所以才開始寫書，就是希望大家能因此每天在讀書上多花點心思。

多花心思絕對是必要的，只要多花一點點心思，就能讓讀書變有趣。

繼續主題。原本人生就不是因為外界事物而變得有趣的。既然有有趣的老師，也就有無趣的老師。因此，即使

你抱怨無趣的老師：「他上課好無聊。」這樣也不會產生任何改變。除非自己花點心思想一想，該怎樣讓上課變有趣。

你必須要自己計畫，自己思考。無論如何，你都要自己想辦法。

我將上述所言加以統整，用一句話來表示，就是要去思考「為什麼？」、「該怎麼做？」這兩件事。這兩件事非常重要。

只是隨口說一句「好無聊喔！」只是在逃避，這樣是不行的。「因為讀書很無聊嘛！」這是藉口，也沒有用。

不管做什麼事，「做得到的人，會找出解決的方法，做不到的人，會找藉口逃避。」

前者才能夠享受人生。

不可以找藉口喔！

當然世界上原本就沒有「一定要讀書」這件事。如果未來你有足以謀生的方法，而且你又非常討厭讀書，你也可以選擇賴以謀生的道路前進。

可是不管你選擇哪條路，都需要一定程度的基礎知識，大部分的人天生都不具備可以展開某種職業的特殊能力（我也是其中之一，所以我從來沒有想過要逃避讀書）。

所以時時提醒自己該如何讓讀書變有趣吧！

好像有點偏離主題了，回來吧！（笑）

如果你覺得我的論調聽起來很驕傲，我在這裡致歉，因為我覺得這些事情很重要，所以就不自覺地多話熱血起來了。

最後我要說明自己如何讓複習變有趣的方法。

我的方法是，和朋友互相出題。

我和朋友約定好，比賽「誰能做出好題目」以及「誰能解開好問題」，在這兩個方面上與朋友互相競爭。

這個方法可以跟興趣相投的人一起進行，若跟競爭對手一起進行也不錯，說不定還會出現白熱化的對決。

投入這個遊戲，頭腦也會變得相當靈活。

做出好題目，是最棒的複習方法。

「做出好題目」為什麼是最好的複習方法呢？請各位先思考一下，如果想不出來，不妨跟家人、朋友一起討論。

……啊！

我好像愈來愈多嘴了！

但總算是把我想說的事都說完了。

好！現在讓我們轉換一下心情，朝第三堂課前進吧！第三堂課與第二堂課有著密切的關係喔！

那麼，接下來請你努力跟上來！

要跟上我喔！

註1：東京大學有五個校區，分別是本鄉、駒場、柏、白金、中野。進入東大後，一、二年級生的課程大多是在駒場校區上課。另外，教育學系系所同樣位於駒場校區，因此修習教育科目時也必須到駒場校區上課。

# 第三堂課

# 超級 9 記憶絕招

好，終於進入第三堂課了。

你現在是否比較習慣這種上課方式了呢？

休息時間變得熱血起來，真是抱歉。

下一次的休息時間，可能會再次發動我的熱血引擎，變得很 High，不過，現在專心上課吧！

接下來先來個小考，確認你上一堂課內容是否還記得。

請你不要略過這個小考，一定要回答喔！

一定喔！

這次的考試中，我試著加上一些句子。

---

▶請將第二堂課（複習法）的上課內容做摘要。但是，摘要中請包含下列字詞。

「敷衍學習」、「輸入型學習」、「輸出型學習」

_____

_____

---

如何？寫好了嗎？

請將第二堂課最後提醒大家「我們學過關於複習的事」，變成指定句。

如果有仔細聽課，回答應該會相當順利。

那麼，現在進入這次的課程。主題是「記憶」。

這一堂課是將前面課程中提到的「輸入型複習」，作更進一步、範圍更大的討論。

## 短期記憶、長期記憶

說到關於記憶的事，究竟「記憶是什麼？」讓我們一起來研究。

記憶分成兩種，相信很多人都聽過這件事。

你知道分成哪兩種嗎？

那就是「短期記憶」與「長期記憶」。

短期記憶指馬上忘記的記憶，長期記憶指一直記得的記憶。

一般來說，短期記憶大致上可以維持 20 秒到幾分鐘，真的很短。

長期記憶，維持最久的是一輩子都不會忘記。

一般所說的「記下來」、「留在腦海中」是指長期記憶。

容易馬上忘記的人，是因為把記憶內容變成短期記憶。（*1）

(*1)舉例而言,像是家人的名字一般平常的事物,我們反而不會忘記,例入自己的國籍還是出生地,這些訊息都已經成為長期記憶了。另一方面,即使你記得在你面前通過的車牌號碼,到了隔天忘記的可能還是相當大,這就是短期記憶。

## 如何形成長期記憶

對學生來說,有很多必須記下來的東西。

我想先請各位思考一下,當你面對必須要記憶的事物時,「該怎麼做才能形成長期記憶?」

這一段很重要!

可以嗎?

「不容易忘記」=「長期記憶」

請你將這個結構記下來。

一般來說,我們說的「記憶」是指長期記憶,因此接下來的文章會把長期記憶直接以「記憶」來表示。(*2)

好,那我們繼續囉!第三堂課的內容很精采喔!

首先,想問大家一個問題。

下列①～⑥之中，請勾選出你認為「這是記憶」的項目。

> □ ①能夠想起宋朝開國時的年號。
> □ ②能夠想起上次體育課做的運動。
> □ ③能夠想起腳踏車的騎法。
> □ ④能夠想起自家的電話號碼。
> □ ⑤能夠想起袋裝洋芋片打開的方法。
> □ ⑥能夠想起昨晚的晚餐。

結果如何呢？你勾選了幾個呢？

現在我來公布答案。

正確答案：上面全部都是「記憶」。

也許你會覺得很意外，應該有人會說，

「耶？昨晚的晚餐？這不算是記憶的範圍吧！」

「腳踏車的騎法？不是坐下來騎就好嗎？不能說是記憶吧？」

在這一堂課裡，想請各位學會「記憶到底是什麼？」這是所謂記憶的基礎。

「該怎麼做？」最後一起來思考每天讀書的訣竅。

在開始說明具體內容前，我還有一個問題。

請你再看一次剛剛的①～⑥題，並將這些題目分成三大類。

由於大致上將記憶分成三類，所以為了讓你更了解記憶的種類，請你也將題目分成三類。

請務必做完題目，不要嫌麻煩喔！好，那就開始吧！

▶請將①～⑥試分成三類

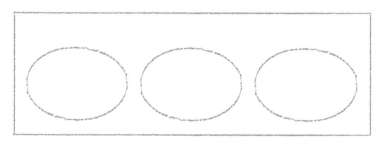

做完了嗎？

公布答案囉！

答案是「①④」「②⑥」「③⑤」你答對了嗎？

（*2）順帶一提，要將所有訊息長期記憶是不可能的，因為頭腦具有一定的容量。我們能夠長期記憶的，只有在看過或聽過的事物裡，頭腦辨認為真正重要的訊息而已。因此透過本章，我想告訴你們的是「該如何讓頭腦辨認學過的內容為重要的訊息」若能做到這點，就能將想記憶的事物記下來喔！

## 三種記憶

為什麼要請你們回答這個問題，因為這三大類就是記憶的三個基礎。

讓我們一個個看下去。

不過不用把種類名稱記下來。

### ①④類：「知識」記憶（語意記憶）

第一個是知識記憶，專門術語叫做「語意記憶」。一般來說，這種記憶是大家最熟練的一種。

這種記憶就像是背課文，例如：要記住歷史事件年號，或專有名詞、英文單字、數學公式等，就是屬於語意記憶。

　　語意記憶的方式，是透過反覆背誦的來記憶，也就是「以語言為主要架構的記憶」。

　　這種記憶的方式不只是靠反覆記憶，還有一些訣竅，等一下再來說明。

### ②⑥類：「事件」記憶（情境記憶）

　　第二個是事件記憶，也就是「情境記憶」，記憶的內容會與發生在自己身上的事件結合（經驗）因而留下記憶。

　　像體育課的活動與昨晚的晚餐，都是跟你所做過的事件有密切的關係。

　　一般來說這種記憶比第一個「語意記憶」更容易記住，也不容易忘記。「情境記憶」不像記住歷史年號的「語意記憶」，要重複好幾次才能記住，「情境記憶」是有可能發生一次就記住的。

### ③⑤類：「身體」記憶（程序記憶）

　　第三類是以身體記住的記憶，叫做「程序記憶」，記憶的內容在於「方法」。這是最難忘記的一種記憶。

　　除了③跟⑤是「程序記憶」，平時像是跑步方法或筷子拿法也都屬於「程序記憶」。若以運動來舉例：像是球棒的揮動方法，或籃球的投籃方法等，一般人自然認為

「身體已經學會」的事物，就是屬於這種第三類記憶。

## 鍛鍊記憶

如上所述，我們可以把記憶分成三大類，你覺得如何？相信知道的人應該不多。

剛剛說過，你不用記住什麼是「語意記憶」、「情境記憶」和「程序記憶」，可是請記住「『知識』記憶」、「『事件』記憶」、「『身體』記憶」這三大類。

「喔！原來記憶會分成三類。」請你先瞭解這件事。一般人以為可以靠知識記憶的「語意記憶」來征服所有需要背誦的事物，但是關鍵卻隱藏在其他兩類記憶中。（*3）

自認記憶力不好而煩惱的人，其實只是不知道記憶的方法而已。要把所有事都當成知識來記住，本來就是不可能的事。

情節及程序記憶是關鍵喔！

如此理解三大類記憶的意義，彼此巧妙地搭配活用，這樣會變得比較容易記住想要記憶的事物，因此才能夠鍛鍊記憶力。

至於我們究竟該怎樣認識各種記憶，又該如何使用呢？接下來要公開的是我的獨家九個記憶秘訣。

（\*3）寫這本書時，我讀過很多有關記憶的書。如果形容記憶術的數量跟星星一樣多，可能會有點誇張，但是記憶術的量其實真的非常多，其中也有很多可疑的方法。在這裡我要重點式來介紹一些能夠讓國高中生感到輕鬆（在不會讓人覺得丟臉的範圍內）、能安心地使用的記憶術。

## 利用「語意記憶」
## 超級 9 記憶術①多看幾遍

首先一起來看「知識」的語意記憶。一般對這種記憶的印象是「重複觀看」。重複觀看當然是一種有效的記憶方法，我先針對這點稍微說明一下。

我們究竟要在哪個時間點重複觀看呢？請你回想一下，我們在上一堂課說過，「當天、隔天、禮拜天」這個口號。

這個口號，正是問題的解答。依照艾賓豪斯的遺忘曲線，「忘記的時候，就是開始複習的最佳時間點」。

重複觀看很容易，只要多做幾次，就可以記住。但請注意，不是看一次花很多時間，而是以短時間重複觀看，來增加記憶的強度。

## 不會忘記家人的名字

頭腦的設計本來就容易遺忘，但我們從不會忘記家人親友的名字，這是為什麼呢？

家人親友的名字，在我們的生活中頻繁出現，每次出現，我們的頭腦都會發出命令「名字很重要，不能忘記」，所以我們不會忘記。

為了讓頭腦記得，就要重複很多次。

多看幾次是一個老生常談的方法，可是確實非常重要。在學校上課時，有兩個小訣竅對記憶很有幫助，「下課後用一分鐘複習剛剛上課的內容」，以及「在下節課開始的前一分鐘，複習上一節課的內容」。

## 快速提升成績祕技

①用下課後一分鐘，複習上課的內容。
②用開始下節課前一分鐘，複習上一節課的內容。

　　下課時複習，上課前複習，用這兩個方法就能輕鬆提高成績。而上課前複習也可變成預習下節課內容。

　　在做演講時，除了原本要講的內容以外，我每次到段落結束，都會介紹幾個「快速提升成績的方法」，在我所提過的方法中，如果要選出一個最好的方法，我會選「下課時複習，上課前複習」這個方法。

　　上課結束以及開始上課前，都會有一分鐘左右大家還沒安靜下來的時間，例如：老師在發講義，周圍同學回座位，如果仔細觀察，就知道這段時間大概約為一分鐘。

　　老師會考慮到課堂真空時間，因而把 50 分鐘上課時間以 45 分鐘計算，並依此設計上課內容，所以對老師來講，浪費 5 分鐘已經是設定好的事。上課前後一分鐘比較躁動、無法上課，所以我們可以巧妙地運用這一段時間。

這個方法實際上有學校在實行，成效不錯，接下來就要介紹給大家。

位於東京世田谷的東京都市大學附屬等等力高中，有一位世界史老師——飯田公彥。（*4）

飯田老師聽過我到校演講，他便在上課時實際上實行了這個方法，並且有系統地進行。由於世界史科目本身的特性，這個方法發揮了很好的效果。飯田老師是一位強烈感受到主科（國英數）重要性的老師，所以貫徹一個方針「盡量不要給學生世界史功課」也就是說，他致力於在上課時間就讓學生記住課程內容，結果得到了很好的效果。

在他們班上，全班練習補習班的全國模擬考時，世界史的平均成績竟然是 69。（*5），這是班平均喔！世界史偏差值有 69，真的很誇張，哪裡找得到同樣的學校呢？全國的平均成績也不過是 50 而已，所以不用說相信大家都知道飯田老師有多麼厲害。我從飯田老師那裡聽到這個消息，高興得都快哭出來了。（*6）

（*4）我曾經在東京都市大學等等力高中演講，也上過幾次課。校舍很漂亮，而且設備很充實。讓我大吃一驚的是，最近我的母校海城高中的校舍也翻新了，但這是我畢業之後的事了。順便一提，東大的本鄉校區裡有很多非常舊的建築（可是運動場很新！）

（*5）東大（除了醫學部）的偏差值是 70 幾，所以一個班的平均分數為 69 是讓人驚訝的。當然沒有只看世界史成績的入學考試，還必需看別的科目成績，可是這樣的表現還是很厲害！

（*6）當然這是飯田老師優異的課程內容才能獲得的成果（上課真的很有趣），為了讓課程扎實的進行，我的方法能夠派上用場，讓我感到有點驕傲。像這樣的時候，會讓我覺得演講或思考學習方法的努力都值得了，也是讓我覺得「果然人是為別人而活才對」的一瞬間。

## 利用「語意記憶」
# 超級 9 記憶術②制定強迫練習計畫

總而言之，記憶要好，秘訣就是要「多看幾次」

接下來第二個技巧是為了無法持續進行超級 9 記憶術①「多看幾次」的人所想出來的。

讀書原本不就是為了能幫助他人才做的事嗎？年輕一輩的我無法說出「能夠幫上你的忙」等等感覺很了不起的話，但是發生「我能幫上某人的忙」的時候，會純粹地感到「啊！能夠活著真是太好了，能夠努力真是太好了！」

即使想著「好，今天開始多複習幾次吧！」卻還是記不起來，接下來，這種方法特別針對這種人。

不自覺地無法繼續下去，或進行到一半覺得很麻煩，如果你發現自己有這種狀況的時候，一般都會開始責備自己：「唉！應該是因為我的意志力太薄弱了，我真的很糟糕。」

可是實際上做不到複習的人很多，我自己在國高中時期實行時，也無法立刻做到。但當我身為考生時，終於順利地做到了，當時我採取的方法就是「制定計畫」。

「制定計畫」這個詞可能會讓人覺得有點刺耳，以一句話來表達意思，就是「在不受到自己心情影響的情況下實行」，也可以說是「無論自己的情緒起伏，身體會自動執行」。

比如說，我有用一個點子，這是我自己在學校的期

中、期末考試前，或大學考試之前會做的，那就是「把『便利貼』貼在家裡的門上」我把這個門取名為「記憶之門」。

請看下方照片，就像這樣上面有大型便利貼，我會把想要記下來的東西寫在便利貼上，然後貼在門上。

貼在門上之後該怎麼辦呢？我給自己一個規定：「要記下來才可以開門」，所以無論如何一定得記住便利貼內容。大家覺得這個方法如何，好玩嗎？（笑）

「記憶之門」（把「便利貼」貼在門上）

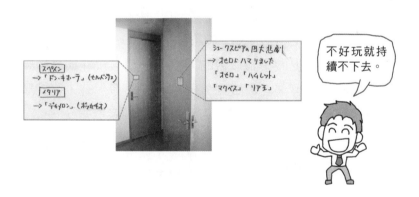

當我想要去上廁所時。

想上廁所的時候，一般時間會比較緊急，而到廁所過程中，總要經過幾扇門，所以我會把便利貼貼在這幾扇門

上。廁所也有門，當然也要貼在廁所門上，由於「沒有記住以前不能上廁所！」的危機感使然，我就會努力記下來。

在這種情況下，如果來不及，就一點都不好玩了（笑）。最後在「終於來得及……」安心感之下，走回房間或客廳時，還要順便把門的另一邊的便利貼背完。

這個方法很有趣，可以像玩遊戲一般進行，真的可以增進記憶。我相信你也可以開心地進行。我的信念之一就是，「如果不好玩，就無法繼續下去」，用這個方法，應該會很多人都可以開心地行動。

但是，如果每天這麼做會覺得很累，所以我在考試前才會用這種記憶法來做考前衝刺。（*7）

另外，我還曾經做過一個計畫，就是「把想要記住的東西錄音，然後在浴室放來聽」，大家應該知道有錄音帶這個東西吧！會覺得有點懷念嗎？有人不知道錄音帶是什麼嗎？現在大家都只知道 iPod。但是在我國小時，我會用錄音帶來複製 CD，我還有過 MD 這個東西，這是一種小小四方形的卡帶，有人知道嗎？我當時會用錄音帶，將自己的聲音錄在錄音帶裡。

如果唸書的內容不太長，我會用 30 分鐘長的錄音帶，如果內容比較長，則用長度為 120 分鐘的錄音帶，錄好以

後，我在浴室洗澡就會放來聽。有些人會覺得機器濕了會壞掉？這個問題必須你自己去想辦法。

我會用從便利商店或超市裡拿到的塑膠袋，把機器包起來，我知道這很隨便（笑）。從國中時起，我就開始一直這麼做，即使錄音機沒有防水功能，機器一次也沒有壞過，只要利用可重複使用的塑膠袋，就能解決濕掉的問題，請大家也試試看吧！

用自己的方式想個辦法吧！

我當然不是每天都用這個方法，而是諸如「定期考的兩個禮拜前」或「小考沒有及格，要聽錄音帶聽到下次的小考通過為止」等，遇到這些時候，我就會按照自己制訂的規則，遵照「在泡澡時一定要打開錄音機」的狀況進行。浴室本來就是個令人放鬆的地方。所以，如果你是「想要馬上提高成績」的人，請回家立刻試試看。用耳朵聽聲音，在幫助記憶方面是很有效的，這個方法經過科學研究的證實，所以很鼓勵大家試試看。

（*7）設計這類「機關」的時候，記得設計成「可以輕鬆持續下去的事」。如果太勉強自己，一定無法持續下去。盡可能多用點巧思，讓自己可以樂在其中吧！

## 利用「情境記憶」
## 超級 9 記憶術③教別人

接下來是利用情境記憶來背誦。情境記憶是自己所經歷過事情的記憶。

想起自己的經驗,「對了,當時我曾經做過那件事。」像這樣回想起以前的經驗,就是情境記憶。這種記憶法,最好是以「與別人分享經驗」的方式來進行。當你「告訴別人某事」的時候,就會變得不容易忘記。

舉個我自己的實際例子。

高一的時候,我有一個朋友 T,他跟一般人有點不一樣,我沒有問他問題,他卻會自己主動問我「有沒有不懂的問題呢?我來教你。」真是個溫柔的人。他的數學很厲害,而我數學不太拿手,所以我很願意向他請教數學問題,但他教我的內容不只有數學。

有一天他這樣說,「清水,如果你數學想變得很厲害,你就把我教過你的問題拿去教別人。」

當時我覺得「竟然有人會說出這麼有趣的事」,於是半信半疑地找到一個像自己一樣不太會數學的 S 同學,我

教他 T 所教我的數學，我問 S 同學「有沒有不懂的問題
呢？」

　　S 不只是不會數學，甚至是不知道能否升高二的緊急
狀態，所以他回答我，「拜託你！快救我！」他也請我教
他英文，因為他從升上國中開始，就完全無法理解英文跟
數學的上課內容。

　　隨著他愈來愈明白，
我卻變得問題愈來愈多，
諸如「為什麼不說 "go to
there"，而要說 "go there"
呢？」「關於二次函數典
型問題的圖，究竟要從哪
裡開始畫呢？」等等。

　　隨著時間過去，我們
探討的問題漸漸變難，甚至出現「我也不知道答案……」
這種情況，可是這是我自己主動問他「有沒有什麼問
題？」如果回答「不好意思，這題我也不知道。」就會很
丟臉，所以當我遇到不懂的情況，我就會說「喔！那是
……，這是……啊！先借我一下這本筆記本。」我只好先
思考。

　　教別人可以知道哪裡是自己還沒有弄通的地方，而

且，由於教別人時，對話是用聲音構成的，在**對話時，我們可以聽到自己或對方的聲音，像這樣從耳朵進來的訊息是不容易忘記的**，因此，我們就可以將教過別人的內容留在頭腦裡。（*8）

（*8）實際上最好的複習法，正是「教別人」。自己以為在教別人，可是自己卻學到了很多事情。我的第一本書裡寫過「把媽媽當學生」，如果在家裡有人可以聽你上課，不妨拜託家人當你的學生吧！

## 利用「情境記憶」
## 超級 9 記憶術④提問

還有其他學習活動，像是我們可以跟朋友一起，像玩遊戲一樣，用競爭的方式來記憶。

如果只是自己一個人努力做背誦，這樣會很無聊，所以這個時候可以和朋友一起做。

想像一下期考前的情況，跟朋友一起唸書會有很好的效果。也可以下課後跟朋友一起複習，可是像我這樣意志薄弱的人，很容易跟朋友玩鬧起來，所以在家裡自己複習

會比較恰當。

我會先在家裡複習好，早點到學校與朋友一起互相問問題。這麼一來，會因為「這題我跟他一起做過」或「這題那時我答不出來」而在腦中留下深刻印象。我在前面的〈休息時間專欄〉曾提過，自己提問是非常重要的事。

我所說的提問，當然不是像「創立宋朝是哪一年？」如此簡單的問答題，因為這種問題不需要用頭腦來思考，不過你當然可以出這種問題，但更好的作法是，盡量提出關於知識本質的問題。

具體來說，提出以「能夠統整上課內容」這樣的問題為佳，例如：前面歷史的問題「請比較某朝與某朝，在政治體制上有什麼不同？」這種問題會讓人思考，因而覺得「喔！這不是死背的問題耶！」像這樣的問題就不會讓人無聊。（*9）

> （*9）如果進行「想出好問題的人獲勝」的比賽，戰況會很激烈。為了提高問題的程度，可以請那個科目的老師幫你們評分。想出好問題時會發現老師原來那麼辛苦。我也做過很多教材，為了想出好問題，真的要花很多的時間（淚）。

## 利用「情境記憶」
## 超級 9 記憶術⑤查資料

「檢索」這個動作是一件讓人難忘記的事，會令人回憶起「對了！當時我查過這個資料」。

這種方法不適合考試前，而是要在平時比較有空的時候，來釐清自己的疑問。

行動可以幫助我們記憶。

比如說，遇到無法理解的英文文法，可以在網路上查查看相關文法的英文歌曲。在世界文化史裡出現的某幅畫，也可以對那幅畫的內容多去查一些背景資料。如果美術館裡有相關作品，也可以和家人或朋友一起去看。

（*10）理化等科目也一樣，如果博物館或科學博物館有相關展覽，可以抽空去參觀。

考試前我們通常會比較焦慮，這個時候不適合釐清疑問，因此盡量趁平時有空時多去探索、釐清，也可以問老

師。如果課堂上能問問題，請盡量問，但是不要問一些可以馬上查到答案的問題，以免丟臉。在大家前面問問題，會讓人感覺緊張，這種緊張的心情會讓人在事後容易回想起來，「原來這是我上課問過的那個問題」而印象深刻。（*11）

總而言之，這裡的重點就是「**當遇到不能理解的問題時，請積極進行能夠解決問題的行為**」，這樣就會幫助你把記憶固定下來。

（*10）這跟第一堂課提過的指揮家小澤征爾去歐洲時的行動一樣，小澤先生去歐洲的動機，是為了要實際看真正道地的事物、實際融入那個世界。即使目前沒有自己想要看的東西也不要放棄，如果可以，趁長期休假時去較遠的地方，讓自己能實際地進入想要探索的世界。如果有人想去世界各地旅行，我有本推薦的書，書名為《深夜特急》（澤木耕太郎／新潮文庫），這是我在國中時看過的非小說類散文中印象最深刻的系列書籍。

（*11）不太擅長的科目（理科）課程結束後，我都會盡量去問老師問題，即使沒有特別要問的問題，我也盡可能想出問題，再去老師那邊問問題。現在回憶起那時，就覺得自己是個相當麻煩的人。很感謝每次都願意配合我的老師。

## 利用「程序記憶」
## 超級 9 記憶術⑥不要死記

接下來是第三種記憶，這是透過「身體」記住的記憶。現在我們來思考關於「程序記憶」。

還記得這是什麼樣的記憶嗎？

這是「用身體記住」的記憶，記憶的關鍵在於「方法」，這是我們最難忘記的一種記憶。

例如：腳踏車的騎法，或筷子的拿法等等。

在讀書方面，哪一些是屬於這一類記憶呢？

數學。

我有兩個哥哥，我跟大哥的年紀差 7 歲，另外還有一個比我大 2 歲的二哥。二哥數學很厲害，我卻數學不太拿手。

二哥有一句名言，直到現在我都忘不了，那就是二哥說過，「我從不背公式」。

他真的從來不背公式，真的一點都不背，因為他覺得背公式很麻煩，或著應該這樣說，數學用背的就沒有美感了。

我並不是叫你「不要記數學公式」。（*12）

我從他身上學到的是，「即使把數學公式背下來，如果沒有理解公式的本質，就無法解開難題」。

他還說，「公式的本質在引導公式的過程。」

能記住導出公式的方法，就不容易忘記。其他科目也具有同樣的狀況。

該怎麼做才會不容易忘記呢？

就是重複問「為什麼？」

**不要勉強記住結果，而是要重複問「為什麼？」從最根本的地方思考該怎麼做才可以引導出答案。**

用比較艱深的字詞來表達這個意思，那就是要「重視理論」，這是上高中以後特別需要重視的事。

因為在上高中之後，課業會開始變得即使死記也記不下來。（*13）

國中生，特別是國小生，非常會死記，我們從頭腦的構造上來看，會發現這種狀況。不知你上高中後，是否發覺「我國小的時候比現在更會背東西，是我頭腦變笨了嗎？」

其實不是你頭腦變笨，而是頭腦構造改變了。這是在每個人身上都會有的現象，所以請你放心。

不要死記，而要重複問「為什麼？」並習慣這個流

程。用比較酷的說法來表達，就是對 What（記住的東西）、重複 Why（為什麼？）、學會 How（過程）。

（*12）講到這個故事，有人會接著說「那我不背數學的公式了」。但這麼做真的很危險，所以不要那麼做！因為考試時間有限，記住公式還是會比較好，除非你的數學非常拿手。

（*13）差不多從上高中的年紀開始，頭腦的構造會改變，如果沒有依照理論，就會忘記。這會發生在所有人的身上，所以請注意。

## 其他技巧
## 超級 9 記憶術⑦關聯與諧音

現在要介紹大家一個技巧。

諧音是很有用的背誦技巧之一，有人或許會覺得「諧音沒有意義」，可是我有另一種看法。

在自己討厭的科目或不太擅長的單元裡，會有很多部分「怎麼也記不住！」這時如果說「不能用諧音！」而要強迫記住內容，結果會不好。像這種時候，不管用諧音或

別的方法都可以，最重要的是要先記住，然後讓自己對這個科目變得愈來愈熟練。

這麼做就會漸漸對討厭的科目產生興趣，接著會想要更深入地學習。

**其實我在活動繁忙的情況下還能應屆考上東大，可以說就是靠諧音的力量。**

我用的諧音在古文跟世界史科目裡發揮了效用。

首先，我要先來談我學日文古文的方法。（\*14）

不知大家是否知道有一本日文的古文單字本《古文單字 諧音565》（ARS工房出版）？現在這本書我在公私生活中還是很常用。作者板野博行老師是位非常有趣的老師，他把考試範圍裡常出的古文單字，全都變成了諧音，是全部喔！

也就是說，只要記住這些諧音，古文考試的準備就完全 OK 了。這本書的前身是《諧音513》單字本。不知道大家有沒有聽過《狙擊手 13（Golgo 13）》這本漫畫，《諧音565》這本單字本的封面人物，就是模擬狙擊手 13 主角而畫出來的。我兩位哥哥也是用這本參考書考上大學的。

## 我的救世主《諧音 565》

這本書救了我。

　　多虧了這本單字本，我的古文才變得很厲害。

　　如果有人問我，以諧音記住單字，難道不會對古文失去興趣嗎？我會回答你沒有這回事。我現在也會特地買《源氏物語》或《方長記》等古文書來看。以日本 15 世紀時期的古書來說，《風姿花傳》是我最喜歡的書之一。（*15）如果當時我沒有使用諧音，只是拼命背誦課文或其他單字本來記單字，反而會因此變得討厭古文。

　　的確，「只」用諧音記住古文是不太好的，如果只用諧音，古文會變得好像不是日文。古文是美麗的日文原型，可說是充滿著美妙人生觀的寶庫，只認識諧音就太可

惜了。

我以諧音開始學習古文，漸漸變得愈來愈喜歡古文。因此，《古文單字 諧音 565》是我喜歡上古文的「契機」。

（*14）我國中的班導是一位很好的老師，他告訴我們古文是多麼有趣。可是高一時換了一位老師，結果古文漸漸地變得不有趣了，單字也變得更難。當我在煩惱該怎麼辦的時候，就找到了《諧音 565》這本書。

（*15）如果有人討厭讀原文，從入門編開始著手會比較好。最推薦的是講談社的《流利讀》系列，裡面有注音，也有翻譯跟解釋，即使是初學者也能「流利讀」，是一本好書。

## 創造自己的諧音記憶法

接下來是世界史。

我從高三開始學世界史，在我當時上的學校，高三之前幾乎沒有關於世界史的課。

說起來真丟臉，到高三上學期之前，我連「拿破崙是

哪國人」都不知道。此外，因為日本史是我的選修，所以到了高三上我只學到江戶時代，還有很多沒學到。

東大的文組是在第一階段考試時，要從史地（世界史、日本史、地理）之中選一個科目來考，在第二階段考試時，則要選兩個科目，所以必須花一些時間去準備。如果是私立大學，只考一個科目就好，但在國立大學中，例如：一橋大學在第二階段考試時也是只要選一科來考就好。但東大要選兩科考試，對我來說真的很辛苦。

即便如此，我在高三上學期時，幾乎沒有時間好好準備社會科，在完全沒有讀世界史的情況下去考試，成績當然是慘不忍睹啊！（*16）

因為我的目標無論如何都要進入東大教育學系，所以我認為「一定要想辦法！」當時我想到的方法，就是把世界史的全部內容都變成諧音。

我這樣寫可能會跟前面講到古文的時候一樣，會有人認為我「瞧不起讀書這件事」，可是我其實很喜歡世界史，一直到現在我都還在繼續學習世界史，也常常看歷史小說，所以請不要誤會。

因為我想進入東大的教育學系（*17），所以我把世界史從史前時代開始，自己編出諧音。

我說編諧音不是簡單的填充題型諧音，因為這種諧音只會讓人記住某個名詞而已。大學入學考試的題目，會出現與歷史事件相關的人事，在歷史上的意義，以及相關的「簽訂○○條約場所」等地理知識。總之在日本大學考試之中，世界史科目的考試範圍很大，不是背誦就可以應付的。

基於這些理由，我當時決定要編造出包含事件全部內容的諧音句，不只有年號，也包括人名等相關事物的諧音。例如：世界史中有「西元 1379 年，阿蒙霍特普四世在遷都到阿瑪納後，改名為阿肯那頓」這個事件，我用日文發音來編造諧音的記憶方式，變成「沒有意義就不要去，剩下糖果」，「沒有意義（1379）就不要去（阿肯那頓），剩下（阿瑪納）糖果（阿蒙霍特普四世）」註1 如此這般，一口氣把事件全部的細節都記下來。

如果沒有年號，例如：莎士比亞的四大悲劇《馬克白》、《哈姆雷特》、《李爾王》、《奧賽羅》，我是用「迷上了黑白棋」來記

自創諧音，就不會忘記了！

憶的方式。「迷上了<sup>註2</sup>（哈姆雷特、馬克白、李爾王），黑白棋<sup>註3</sup>（奧賽羅）。」如此這般。

自己編造出這些諧音，會比較有印象，但諧音並不是單純的諧音，而是要跟很多事件連結的諧音。

跟大家解釋一下我是怎麼做到的。

首先，我把某個年號相關的重要單字寫下來，以剛剛的例子來解說，我在 1379 年的旁邊寫出「阿蒙霍特普四世、阿瑪納、阿肯那頓」三個單字，然後再來思考組合，編造出諧音，聽起來很簡單吧？

一開始的時候可能不會很順利，等到習慣了後，你會覺得很有趣。

在我曾編造的諧音之中，有些是我不好意思寫出來的，因為諧音本來就是寫給自己看的，只要自己能記住就好。所以鼓勵大家試著造出屬於自己的諧音。

我並不是說所有科目都要用諧音來記憶，如果不太會編造諧音，只要針對怎麼也記不住的內容變成諧音就好，如果你很會編造諧音，可以多加利用。

你也可以和幾個朋友大家一起分享自己編造的諧音，看看有沒有人能找到更好的方法，大家互相參考，再重新造句。（*18）

（*16）在大學第一階段考試，文組的人也要考自然科，理組的人也要考社會科。當然英文、數學、國語準備起來也都是很辛苦的。在這樣的情況下開始讀世界史（要背的量最多）完全是「魯莽」的行為。

（*17）在東大有一位讓我想要跟著學習的教授。我 14 歲時開始對教育議題有興趣，在看過很多書之後，覺得「想要向這位老師請教！」所以其他學系或大學我都無法接受，除了東大的教育學系之外，我都沒有去考過。第一階段考試結束後，我通過了早稻田大學跟慶應義塾大學，可是我一心只想考東大的教育學系，所以為了達成目標，我必須追求有效率的讀書法。

（*18）如果你想知道一些不錯的造諧音法，不妨讀讀看在市面上有關諧音的參考書，不管是以歷史年號還是以英文單字為主題都可以。一邊翻著書，一邊感受著「原來是這樣造諧音句喔！」來學習。讀大約 20 分鐘就可以瞭解大概，接著可以實際造諧音句。在這個過程中應該會逐漸掌握竅門。

## 其他技巧
## 超級 9 記憶術⑧「早餐前」效果好

在我喜歡的學者之中，有一位外山滋比古先生，我其實從國中就開始喜歡他。我在國中時讀的書裡，有一本書《讀書的小竅門》裡頭寫著外山先生的有趣習慣。

外山滋比古先生說，利用吃早餐前的零碎時間，可以處理比較麻煩的事。因此他總是盡量增加吃早餐之前的時間，他會故意晚吃一點，變成吃早午餐，然後睡午覺，在晚餐前再騰出「吃飯前的零碎時間」重複進行同樣的方式。

怎麼會有這麼特別的人呢！聽說這個辦法，以科學的角度來看，是個好方法。

為什麼呢？

因為人在空腹時會產生興奮狀態，頭腦會更加清醒。

> 空腹的時候可以集中精神。

我從很久以前也開始實行這個方法，其實在寫這本書的時候，也是晚餐前，肚子餓得很。

　　吃飯後血液會集中到腸胃，頭腦缺乏血液，使人昏昏欲睡，所以學生請盡量在下課回家後馬上開始讀書。如果隔天有考試，時間很緊迫，又有很多東西要記住，可以早點起床，在吃早餐前看書，效果會很不錯。

### 其他技巧
## 超級 9 記憶術⑨充足睡眠時間

　　最後第 9 個技巧是「確保充足的睡眠時間」。
　　「咦？這跟記憶有關係嗎？」你可能會有這樣的疑問。

　　不只是關係，而且還是「密切」的關係。如果不好好睡眠，記憶就會發生問題，因此睡眠非常重要。

　　我們為什麼要睡覺呢？那是因為要讓身體跟頭腦休息，相信大家都知道。
　　「休息」才是重點。
　　頭腦在休息的時候，正是整理記憶的時候，腦部會運作，「這是重要的資訊還是可以忘記的資訊」，進行記憶整理。

睡眠也是讀書的一部份喔！

如果沒有充足的睡眠，代表大腦沒有充足的時間整理記憶。

這樣一來會發生什麼事呢？

因為大腦不能整理資訊，所以重要的情報無法進入記憶。

所以你在好好讀書的同時，也需要好好睡覺。

我記得我的國小校長曾說過：「運動持續到你回家才結束。」同樣的，「讀書是好好睡覺之後才結束。」是不是很有趣？（笑）

以上為記憶的九個技巧。

有沒有覺得可以參考的內容？（*19）

休息囉！

如果有哪一個技巧讓你覺得「讚！」請你從今天起，立刻開始實行。

好，現在我們第三堂課就講到這裡。

（*19）如果有人對「記憶」有興趣，想要更深入地學習，建議你讀池谷裕二老師的書。他是一位以研究腦中海馬迴出名的老師，出版過很多有關讀書跟記憶的書。我寫這本書的時候也參考過《增強記憶力》（講談社 BLUE BACKS）和《誰都可以成為天才—頭腦結構及科學式讀書法》（Lion 社）等書。

休息時間
# 關於記憶的「本質論」
～記憶要記到哪個地方為止呢？

‧‧‧‧‧‧‧‧‧‧‧‧‧‧‧‧‧‧‧‧‧‧‧‧‧‧‧‧‧‧‧‧‧‧‧‧‧‧‧‧‧‧

由於上一堂課時間延長，休息時間所剩不多。在這個難得的休息時間，這一次我不要講太多。

這次要講的內容，很接近上次休息時間所講過的主題。你還記得上一次休息時間講過的內容嗎？

「為什麼？」「該怎麼做？」自己的人生本來就是要由自己來做，才會有趣，這是上次休息時間的內容。

請問大家一個問題，「聰明的人」是指什麼樣的人呢？

這是個不易回答的問題，可是請試著想像一下，你的答案是什麼？

或許你在腦海裡想到了這樣的人：「知道很多事情，對很多事都瞭解得很詳細……」，也就是知識淵博且能夠回答任何問題的人。

的確，知識淵博的人，感覺很厲害，我也很崇拜這種人。如果是在學校，應該是個優等生，考試的分數應該很高，因為考試是可以靠記憶克服的東西。

可是我對這個聰明的定義有著疑問。

為什麼呢？

因為我覺得這種人，是不是可以用電腦取代呢？

再更進一步說明，我的意思如下。

「這些知識是不是用電腦查詢就會知道？」

「你知道未知的未來嗎？」

其實我覺得很可惜。

Google 很聰明，什麼都查得到，如果你檢索時關鍵字打錯，會自動更正，「目前顯示的是以下字詞的搜尋結果」。

iPhone 也愈來愈進化，新的 iPhone 可以與人對話。

到現在為止，檢索資料的還是人類，但以後說不定是由電腦主動建議我們「你要知道的訊息是不是這個？」而且在我們回答不對或對之後，電腦還會記憶下來。

這裡出現了一個疑問。

我們人類已經發展到了這樣的時代，但是到現在人們卻只重視記憶。

大學考試裡出的問題，大都是記憶可以解決的東西。

只是「學英文」，卻不「用英文」學習，甚至有很多人表示數學就是「記憶」，這些人都認為自己的看法理所當然，可是不見得很多人的看法就是正確的。

　　以記憶為主的考試，可以測出的其實是「忍耐力」，有人甚至認為，「由於考試可以磨練耐心，所以只要繼續下去就可以了。」

　　我覺得這根本是本末倒置。

　　到底現在的國高中生要怎麼做呢？要照目前的方式繼續背誦和記憶嗎？

　　的確，以前是人們具備多少知識，就有多少價值，但是未來會變得怎麼樣呢？

　　為了未來，我們現在可以做什麼呢？「學習」是什麼？

　　2010年TED的演講裡，我發表了「形成問題的能力」

這是我們未來必要的能力。

說得複雜一點，就是「懷疑既有的思考框架」，也就是「對常識抱持懷疑」。（*20）

電腦無法對既有的想法提出質疑，只是在人類架構好的程式「框架」裡運作而已。

如果在提出「地球中心說」的時代裡有電腦，電腦完全不會懷疑這個主張的正確性。

可是尼古拉・哥白尼不一樣，他在當時卻提出異議「地動說」。

說得極端一些，我覺得其實沒必要記住詳細的知識。

如果覺得「因為考試會出」就強迫自己記憶的人，那就請你繼續加油吧！

因為有做出這種考試的老師，所以才會有這種入學方式的大學。

學生的確要做學生該做的事情，所以，現在請先咬緊牙關，未來如果有能力，再來改變這個奇怪的教育吧！

我自己是在 14 歲的時候開始，察覺到教育的問題。

當時日本社會出現了「寬裕教育」的話題。

新聞媒體說，「1987 年之後出生的人，會開始接受

『寬裕教育』的新課程。」

我們是新課程的第一代，也就是「寬裕教育」課程的
第一代。

在禮拜天的電視談話性節目中，許多偉大的學者紛紛
認真地討論這種會使「孩子變笨」的課程。

當時 14 歲的我，聽到學者這樣説，腦中忽然浮出一
個疑問？我覺得「咦？為什麼我們變成實驗的對象？明明
是大人立的法律，卻會讓我們變笨？」我甚至產生憤怒的
感覺。

從那時候開始，我問過很多人，也寫過很多報告。我
在國中時，採訪過 100 位與教育相關的人。

這些人包括教育評論家尾木直樹，我得到了許多有力
人士的幫忙。

因為這些幫助，我當時在採訪或寫報告的時候，都會
覺得很開心。在我調查完畢、聽完對方説話，就會開始思
考，如果無法理解，就會再聽一次錄音，然後再度思考，
一直重複這些動作。

因為那時候所做的事，我才會對教育問題產生興趣，
也因此選擇了現在的工作。

我覺得讀書有趣的地方，本來就應該用在「運用頭
腦，跟大家一起努力思考」上，這些活動具有創造力，心

情也才會比較快樂。

　　用那些勉強記憶下來的知識，要如何與別人競爭？現在已經不是那樣的時代了，實施這種教育的國家，只有日本及東亞的一些國家而已。

**教育評論家尾木直樹先生與作者合影（當時 14 歲）**

　　我並不是說我們不需要背誦，而是覺得必須去懷疑記憶的限制，因為只靠記憶是很危險的。

　　說到知識，我認為只要會查資料，在網路上現有的知識就很足夠了。

　　我們最需要的不是這些知識，而是用這些知識來提出「為什麼？」

　　我很尊敬的一位教育學者，《學習的革命》作者佐藤學老師，他在很多書裡都主張，我們要從「獲得、記住、固定在腦中的學習」，變成「探究、反省、表達的學習」。

請大家想一想，什麼樣的教育才是對的。

這堂課花了不少時間呢！不好意思，鐘聲已經響了。

雖然學習不能光靠記憶，但我還是認為「知識淵博的人很帥呢！」所以請先專心讀書吧！但還是請把兩件事分開來看，學習歸學習，考試歸考試，先把該做的事做好吧！（笑）

真正的學習到底是什麼呢？我們人類的教育，究竟該何去何從呢？

（\*20）當然也不能對任何常識都加以懷疑。該做的事還是要做。不盡義務，只堅持自己的主張，這樣是不正確的行為。

註1：括號內容皆為日文發音的諧音。
註2：哈姆雷特（Hamlet）、馬克白（Macbeth）、李爾王（King Lear），標有底線的英文在組合後（ha ma lea），正好和日文「迷上了（ha ma ri）」發音相似。
註3：黑白棋的日文發音與「奧賽羅」相同。

# 第四堂課

## 讀書要堅持到底

現在開始第四堂課！

接近中午休息時間，應該會有不少人肚子餓。但因為肚子餓，就不能集中精神，很可能就是你輸掉的關鍵。

為什麼呢？

請你想起第三節課的內容！

來，繼續專心聽課吧！

先開始做上一節課的複習吧！第三堂課教了很多內容，讓我們先從回想上一堂課問題開始。

---

▶在第三堂課學過的記憶法裡，你從今天就能開始實行的是哪一個呢？

_____

_____

---

怎麼樣？你想到了嗎？

「今天就開始」這件事非常重要。

睡覺以後，頭腦會整理記憶，但有時頭腦也會忘記！

「今天就開始」這句話，與第四堂課有很大的關係。

那麼現在就開始上課！

## 一件小事就能改變

如果有人想要改變自己，但卻不知道為什麼就是沒有這個動力，如果是這種情形，請你聽我現在要講的事，只要一件事就好，好嗎？只有一件事。

那就是「從今天開始，請你動手做些什麼。」

只是這麼做，你就會改變。

**不管是多麼小的事，請你從今天起，立刻開始去做。**

好的開始是成功的一半！

我喜歡一句希臘諺語是：「開始，就占整件事的一半。」

從今天起，即使只是一小件事，請你立刻開始著手改變！

有人認為，最重要是「改變意念」，可是我認為，人的意念很難改變。

人的意念是隨著行動才會開始改變的，只改變意念，沒有搭配行動，反而容易陷於自我厭惡的情緒，最後只會產生痛苦而已。

從今天起，請開始某種新的行動吧！

「開始，就占整件事的一半」只要開始，就已經做完一半，即使勉強自己開始行動，就能夠改變一半。

一半是 50%，以十位數來看，四捨五入就是 100%，很厲害吧！不好意思，我只是在開玩笑（笑）。 （*1）

(*1) 在羅馬賀拉斯的書簡詩第一卷寫到「開始，就完成了一半」，剛開始時很難進行，可是，一旦開始，負擔就會減輕許多。（《希臘·羅馬名言集》柳沼重剛編／岩波文庫）

## 怎樣「堅持到底」？

只要開始就能達成 50%，那剩下的 50% 是什麼？

想像一下。開始新行動，你應該馬上就會遇到很大的困難。

那就是「堅持到底」這個問題。

即使開始做了些什麼，到最後卻無法持續做下去，像這樣的人其實非常多。

雖然我希望大家在開始做之後，可以先稱讚自己，但會讓你煩惱的事還是存在。

堅持跟什麼相關呢？

用大家比較熟悉的話來說，就是所謂的「動力」，所以在這裡，我們先來思考動力。

許多國高中生常常找我商量關於「無法維持動力」的問題，書店裡也有很多討論堅持或提高動力的書。（*2）

心理學常常討論，該如何做才能引發學習欲望。

我讀過很多心理學跟教育學的書，每一本書的內容都各有很多很棒的觀點和優點。

可是，不知道為什麼，沒有一本讓我有共鳴。

我對動力有很單純的想法，我的想法跟其他人不太一樣。

極端一點來說，我會強烈地覺得不要用「動力」這個詞，因為我們很難理解動力的意義。當然，我讀過許多艱深的專業書籍，所以大致上可以理解，但是我仍然不太瞭解動力的起源。

（*2）這代表有許多人為了動力煩惱。在一個很多人想要提高動力的社會，因為動力很低而煩惱的社會，嗯……老實說我覺得有點悲哀。

## 什麼是動力？

有些人說，有了明確的目標，就可以提高和維持動力。

可是實際上，即使決定了目標「就是這個！」過三天還是會忘記。對於這種情況，專家可能會說「要更具體地想像你的目標！」或是「要對目標充滿熱情！」

可是，這是可行的嗎？

我們本來就不知道自己是否能像奧運選手一般，具有強烈的動機。

一些著名人士說，「引導我達成現在這個地位，我的動機就是……」這樣的解釋，讓我覺得聽起來像是事後硬掰的。我認為**唯一可以形容動力的，是「某人達成目標之後的結論，因為他有足夠的動力」**（我的嘴巴真壞，真是抱歉。因為我比較年輕，想法可能有些魯莽。所以本書出

版後，我會好好反省的……）。

我並沒有否定心理學，也沒有想要徵求別人贊同我的想法，只是單純地想解釋人們很難理解動力這回事。

動機到底是什麼呢？大多數人所說的動力，在狹義上來講，與「情緒」有何不同？

總而言之，我真的搞不懂。我也相信有人可以明確回答，但我還是無法提起興趣來探查動力是什麼。

不好意思，希望能有人可以理解我的這種感覺，如果有，我會很開心。

如果有人覺得「清水老師講得不正確！」不好意思，請你忽略下面的內容吧！

由於以上種種理由，我不太相信動力這個名詞，或許有人可以用更好的表達方式，或是以更正確的詞彙來代表，但是很抱歉，我想不出來。萬一我想通了，我會再寫一本專講「動力」的書（笑）。

敬請期待！

## 「動力」是一種幻覺

我現在先接受「動機」這個名詞，不過我對「動機」有一種「**動力無法持續，本來就是理所當然的**」的感覺。

動力降低，原本是很正常的事，在某種程度壓力下，動力是不可能長久的。

我覺得社會上有一種「動力幻覺」，以為有能力者具有強韌的精神力，並經常保持著高昂的動力。（*3）

但真的是這樣嗎？

在讀書方面，我回顧從前，我覺得自己的動力好像並沒有很穩定。我不覺得自己是個很有能力的人，再看周圍我所尊敬的人們，他們好像也不是經常維持很高的動力。

天氣很好的時候，我們的心情也會變得很好，因此會充滿動力；如果天氣變冷、陰天或下雨，我們就會變得沒精神。

這就是人。（*4）

所以動力降低，其實根本就不用太在意。

這麼說可能有人會生氣，可是我認為，煩惱「動力無

法持續」，就像是煩惱「雖然吃了很多飯，可是過了幾個小時就會餓了」一樣。這樣說有點過分嗎？（笑）可是我真的覺得動機差不多就是這樣。

**請注意！你是否有「有能力的人，動力一直都很高昂」的錯誤「動力幻覺」？**

我一直都有感覺，「**是不是這種動力幻覺，才讓人們如此苦惱呢？**」

那什麼才是真正重要的呢？

至少你要知道，真正重要的不是一直都保持著「像超人一般強韌的心」那樣高昂的動力，（*5）而是說，動力本來就起伏不定，在這種前提下，採取一個不要受到動力影響的「對策」。

這就是我對動力的想法。

結論是，想要持之以恆讀書的人，請特別注意下面要談的事。

也就是所要採取的「對策」。

接下來我要分享一些訣竅。

（*3）我覺得「動力幻覺」會造成很多人的誤會。我發現一件事，因為大多數人有這種誤會的關係，就會出現「我的動力不穩定，是個很弱的人」→「無法對自己有自信」→「我討厭自己」這麼想的人。果然是因為使用動力這個詞的關係嗎？（很抱歉，或許我說得有點太超過……）

（*4）比起為了提高動力而煩惱，還不如出去外面曬曬太陽會讓你變得更積極，我就是這麼做的。感覺自己不太順利的時候，就多去曬曬太陽，或睡久一點，你會發現我們其實比自己想像的還要好搞定喔！

（*5）不管在什麼狀況下都能夠一直忍耐，並且擁有強韌心，這種人在現實中應該不存在。我有一句喜歡的話是「慢慢來」。無論什麼時候都要求以高動力衝刺，這是很不現實的，這樣做只會感到疲倦而已。

堅持到底 4 對策
①健康的生活

那麼，一起來思考對策吧！

思考對策的主題，足以寫一本書。但因為快到中午休息時間，所以把內容簡短整理在此。

相信一定有人會嚇一跳，「咦？第一個對策竟然是健康？」可是，健康的生活節奏的確是最重要的對策。即使多麼有動力，只要睡眠不夠，就不可能保持想要努力的心態。

「健康」是最基本的。

要提高免疫力，必須好好睡，吃東西好好咀嚼，暖和身體，要特別注意這些地方。只有你的身體健康，才能堅持「意志力」。（＊6）

（＊6）大概在進入大學的時候，我開始變成「健康迷」，對營養和睡眠有很大的興趣，也比一般人更努力學習這方面的事。但最近在我心裡這件事漸漸退燒，不過直到現在我都還很重視「吃飯時好好咀嚼，不要讓身體變冷，好好睡覺」如果以一句話來說明，那就是要注意「提高免疫力」。順帶一提，因為我很重視這些事，所以買冷飲時，都只買去冰的，這是真的！

## 堅持到底 4 對策
## ②變成機器，從簡單的事情開始動起來

有一些「不會讀書」的國高中生來找我商量，我跟他們說「變成機器吧！」對方卻覺得很有趣，完全出乎我意料之外。

「變成機器」這句話的意思是，不要去煩惱「要做什麼？」或「要做多少？」而是決定「從○點到○點要做○○」，然後就讓自己變成機器人開始工作。

你考慮愈多事，就會變得愈難開始行動，所以，不如在自己心裡設定好「這個時間，就要做這個！」再斷然執行。

在進行「什麼時候要做什麼」的規定時，有件事想要請大家注意。那就是**一開始做的事情是簡單的事**。如果可以，希望是像做習題那樣，能讓自己像機器人一樣動作的事。

> 從簡單的事情開始做起吧！

如果人們處於行動狀態，可以使讀書的態度更加積極。

大腦裡有一個部位叫「阿肯伯氏核」，在腦中負責管

理情感，位於大腦邊緣系統。這個器官公認與動力有關。當我們運動身體，就會刺激阿肯伯氏核。

　　所以開始讀書時，請讓自己動起來，簡單卻能帶出氣勢的活動開始進行。身體在動的時候，會刺激阿肯伯氏核，自然就會產生動力。如果你現在有想要做的事，不用勉強自己一定要做，但如果覺得自己沒有動力，不妨動動身體，寫寫題目吧！（*7）

　　（*7）對了，講到練習就想起來。如果覺得「我沒有計算能力」或「計算題總是錯太多⋯⋯」有著這樣煩惱的人，請讀讀看這本《加強計算力》（鍵本聰／講談社 BLUE BACKS），這是我極為推薦的書，裡面寫滿了如何練習計算。這本書也有漫畫版《看漫畫加強計算力》，如果是國小或國中生，可以從漫畫版開始讀。

**堅持到底 4 對策**
## ③搭配喜歡的科目

　　關於學校課表，你是否有過這樣的經驗呢？

比如說，「因為禮拜三都是討厭的科目，所以不想去學校。」或是「禮拜五都是喜歡的科目，所以很期待。」像這樣的經驗。我國中、高中時就是這樣，但到了大學或研究所，就可以只修自己想要的課，所以，我近來上課的課表，讓我每一天都變得很開心。

因為不需要特別注意科目，也不需要做讀書計畫安排，不會感覺到「今天幹勁十足！」「今天完全不行」等等感受。

在搭配不同科目，請將你喜歡的科目，跟不喜歡的科目，穿插在一起，因為如果只做不喜歡的科目，是無法長久的。如果不喜歡數學，但喜歡社會，就可以安排在一定的時間內先看完數學，然後再開始讀社會。

關於搭配的方式，不妨運用「三明治組合」的順序。

以「不喜歡→喜歡→不喜歡」的順序安排，沒什麼問題，但如果以「喜歡→不喜歡→喜歡」的順序安排，有時候會發生一直停留在「喜歡的科目」，而無法進行到「不喜歡的科目」。

請你找找看適合自己的科目搭配。

## 請注意「三明治組合」順序！

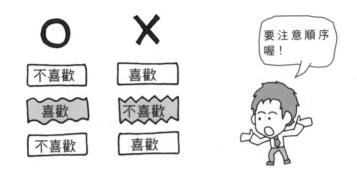

---

**堅持到底 4 對策**
## ④跟朋友一起讀書

　　這是特別為了獨自一個人就無法堅持到底的人所設計的對策。但其實我自己就是這種人，我覺得很多人應該也是一樣無法獨自持續下去，所以請大家試著聽聽看我的想法。

　　我要告訴你一個聽起來像虛構，實際上卻真實發生過的故事。

　　很久以前，我到栃木縣的某所高中演講，因為機會難得，所以下課時我也跟學生討論他們的煩惱。當時有一位

參加棒球社的人找我商量，內容簡單整理如下：「社團練習結束後總覺得很累，所以一回家就會馬上睡覺。」我問他「可以早上早點去學校嗎？」他說，「一個人會很孤單。」因此我下定決心做了件很重要的改變。

那就是在學校成立「晨讀社」。

晨讀社是屬於文化性社團，活動內容就是早晨大家一起集合讀書，就只是這樣。

跟大家一起討論的結果，是請一位看起來很溫柔的老師，來當社團指導老師，而社長負責每天點名，點好名就將出席狀況表交給老師。如果是看起來恐怖的老師，就會有一種強迫學生讀書的感覺，這樣一來，參加社團就會感覺好像是懲罰。所以必須請溫柔的老師當顧問。（*8）

這個晨讀社，聽說到現在竟然都還持續著，真是令人難以置信。

不覺得很有趣嗎？連學校都被拉進來了，還好老師很體諒學生。

這麼做，或許會被批評「學校有必要照顧學生到這個地步嗎？」可是教室空著也是空著，老師只是幫早起到校讀書的學生蓋印章而已。如果你讀到這裡，覺得很有興趣，不妨找你們學校的老師商量看看。

如果以這本書為契機，在全國掀起「在學校晨讀」大流行，我會很榮幸。不過這是開玩笑的（笑）。

好，因為是第四堂課，接近中午，我想大家的肚子應該已經餓到了極限，所以差不多到此為止。

雖然在肚子餓的情況下，頭腦會好好工作，可是你不用因此挑戰自己的極限（笑）。

現在進入中午休息時間，50分鐘後，我們再開始上下午的課程吧！

因為肚子吃飽後，下午會很睏，所以講完與「讀書」不太相關的事之後，我就要結束全部的課程。

午休囉！

不能吃太多喔！

理由是……請複習一下上堂課的內容！

吃飯要細嚼慢嚥喔！

---

（*8）如果只有學生，社團的推動不會順利，所以請身為長輩的老師主動參與學生的活動，這也算是一種「對策」喔！

【午休時間】

## 關於動力的「本質論」
～動力真的很重要嗎？

　　好，現在進入午休！

　　如果你覺得「為什麼午休的時候要講話？至少吃飯的時候讓我安靜吃吧！」真抱歉（笑）。

　　反正也只有今天一天，趁今天趕快告訴你們所有我想要講的事，所以不好意思，請邊吃邊聽……。

　　剛剛說了很多關於動力的想法，但還有一些沒有講到的部分。

　　那就是「有唯一一種不會讓動力降低的東西」。

　　那是什麼呢？

　　會讓你不管是什麼時候，都能保持很高的動力，那就是……

　　「喜歡的東西。」

　　或許有人會「原來是這個！」可是我認為這個才是動力論的本質。因為在做自己喜歡事情的時候，動力這個詞本身不帶有任何意義，你是否也有這種感覺呢？

面對「喜歡的事物」，動力是不會減弱的。

那麼，如果你什麼科目都喜歡，難道就不需要動力這個詞嗎？

可能有人會把我當成笨蛋，說「清水老師又開始在說奇怪的言論了……」可是單純地思考一下，就會得到同樣的結果。

這就是動力論的本質，因為感覺好像不有趣，所以才要特意想像「動力」這樣的東西，對吧？（*9）

其實我將來想要做一件事。

一件事？是什麼？

就是想告訴大家「讀書的樂趣」，因此我想要製作一個圖鑑。

「圖鑑？」是的，裡面都是關於享受讀書方法的圖，或是各式各樣的訣竅，是一本像藏寶箱一樣的圖鑑，紙本或是電子書的方式都可以。

想必許多人都知道「該如何持續讀書」，但從來沒有人能有條理的說出「享受各科的方法」。

我總有一天要製作一個圖鑑，裡面的內容是集結了各個科目、各個單元裡、會讓人感到「很有趣！」的內容。

當然我不是全科專家，所以自己一個人無法獨力完成，需要很多人的幫助。（*10）

如果透過圖鑑，讓很多學生都覺得各種科目很有趣，我想，瞭解學習樂趣的人可能會愈來愈多。

在第二堂課跟第三堂課之間的休息時間，我曾講過，如果覺得讀書很無聊，學校就會變得無聊，這樣每天的生活也會變得很痛苦。所以我想讓更多人知道，學習是一件很有趣的事情。

學問本來就是持續了幾千年的東西，經過長期累積與分類，就成為現在的學科，因此無論是哪個科目都應該是很有趣的。而且以前有幾億人為了各種學問而奉獻出自己的人生，所以我相信現在的學科內容一定能讓你享受到讀書的樂趣。

另外，我要推薦與職業選擇有關的書，就是《尋找未來「想成為這個專家！」的夢想！職業指南234種》（板東真理子／集英社）。除了介紹職業的內容之外，書中還仔細地詳述「為了從事這工作，現在的你該做什麼？」內容使我津津有味地讀完。

有人會說出「讀書是件很無聊的事，在進入社會前只能忍耐。」這樣的喪氣話，我認為他們的想法不正確，我覺得這樣想很可惜，因為讀書應該是一件會讓人覺得高興的事。

該怎麼做才可以享受各種科目的讀書樂趣呢？

大致上可以分成兩種方法。

（*9）接下來要說的事跟剛剛的內容有關。若將有關動力的書為什麼暢銷的現象，單純地探討原因，這個現象代表有很多人過著不快樂的生活、很多人對生活不滿意。

（*10）職業圖鑑《13歲的Hello Work》（幻冬舍）的作者是村上龍先生。基於好奇心而翻閱這本書，我感受到極大的衝擊。這本書是我進大學後讀的，那時候我已經創立公司很久，如果是在高中時看到這本書，應該會走向與現在不一樣的人生。

## 「享受讀書」2法則
## ①讓自己「做得到的事」變多

「咦？這跟學科沒關係吧！」你可能會這麼認為，不過請先讓我從這裡開始說起，畢竟我認為這是非常基礎的事。

可能有很多人都誤會了，其實不只是「喜歡所以才做得到」，「做得到所以喜歡」這種相反情況也是有可能發

生的。因為，如果一直能順利地解題，心情應該會跟著好
起來。當然，全部會而覺得很無聊，這種人應該不存在
吧？（有嗎？）

所以想要早點喜歡上某個科目，在剛開始的時候加緊
努力，讓自己在某科目上變得很厲害，應該是可以享受讀
書的好方法。

這樣一來，就會不自覺漸漸喜歡上某個科目。所以，
請你將第三堂課的內容實際執行，讓自己變得很厲害吧！

「不不不，雖然老師這樣說，但我做不到的事就是做
不到。」相信大家應該會出現這種想法。總之，先讓我們
進行下一階段吧！

就像我想要做出幾百頁、幾千頁的圖鑑，以現況是無
法達成的，所以我只能抽象地表示，總有一天要做一個圖
鑑，裡面的內容集結了各個科目的各個單元，會讓人感到
「很有趣」的各種內容。

---

## 「享受讀書」2 法則
## ②找到興趣

---

先找到一個自己喜歡的科目，讓這個目成為你的窗口
吧！

由於無法詳細介紹全部的科目，所以先以英文的部分為主。

●**音樂**：多聽西洋音樂，並找到自己喜歡的歌，查那首歌的歌詞，為了學會唱那首歌，把歌詞都背起來吧！我國中時，一直在聽披頭四或年輕歲月的歌，聽到都把歌詞背起來了。

●**英文書**：最好是找自己喜歡的系列書籍，不要太難，也可以讀英文版的日本漫畫。看自己喜歡的英文版漫畫，會改變自己對漫畫的看法，學習也會變得很有趣。

●**英文漫畫**：當然，英文漫畫也很適合。不過我還是覺得日本漫畫比較有趣，漫畫真的是個能讓日本人感到驕傲的文化呢！

●**西洋影片**：先從有字幕的影片開始看。如果有自己喜歡的影片，就多看幾次，若是影片裡出現不錯的台詞，可以把它背下來。我覺得能用英文流利地講「我喜歡的電影臺詞是……」這樣的人很酷。

●**英文名言**：我比較推薦你讀英文的名言集。在 Amazon 裡輸入「英語 名言」的關鍵字來查查看相關的資訊，也是一個好方法。如果能用英文說：「我的座右銘是

……」雖然賣弄英文會讓別人感覺不太舒服（笑），但聽起來還是很酷。

●**交外國朋友**：如果能做到這件事是最好的。現在有臉書或 twitter，所以要交外國朋友應該不會太難。不過使用這類網路服務時，請你要多多小心。

●**寫英文日記**：我有一位會說雙語的朋友，他曾經試過這個方法。他的 TOEIC 得了滿分，也通過了日本的英文檢定一級。因此我相信這個方法對學英文來說一定很有效。喜歡寫英文日記的人，英文能力一定會有所提升。

●**看 TED**：如果你是高中生，可透過網路查 TED。在 TED 這個網站裡可以透過影片，免費聽到全世界的演講。如果去 TED 的官方網頁，竟然還能看到日文字幕。我的演講影片也曾經出現在日文版 TED 網站上。要「用英文學習」而不是「學英文」，這個網站是最好的聽力教材。

你看，有很多方法吧！

其實還有更多方法，我本想更具體地推薦好的網頁跟好的書，可是很抱歉。因為時間的關係，正確說是頁數的限制（笑），所以我沒辦法這麼做，請原諒！

## 「讓你享受讀書樂趣」的推薦書

數學、國語、自然、社會，都有很多享受學科樂趣的技巧。

接下來將介紹給大家「享受讀書樂趣」的書，如果有空，請大家讀一讀。（以下為日文書籍）

●數學

《數學惡魔》Hans Magnus Enzensberger ／丘澤靚也譯／晶文社

《數學物語》失野健太郎／角川 Sophia 文庫

《花 5 分鐘享受數學的 50 個故事》Ehrhard Behrends ／鈴木直譯／岩波書店

《數學改變世界 對你來講的現代數學》Lillian R.Lieber ／水谷淳譯／ SOFTBANK Creative

●國語

《創作力訓練》原和久／岩波 JUNNIOR 新書

《禪語百選》松原泰道／祥傳社新書

《做了淺夢》大和和紀／講談社漫畫文庫

●理科

《Newton》Newton Press

《宇宙秘密之關鍵》Stephen William Hawking ／ Lucy Hawking ／作間由美子譯／岩崎書店

《霍金講未來》Stephen William Hawking ／佐藤勝彥譯／SOFTBANK 文庫

《4%的宇宙》Richard Panek ／谷口義明譯／ SOFTBANK Creative

《敲科學之門》小川洋子／集英社文庫

《關於愛因斯坦》竹內薰／中公文庫

《操控時間機器之作法》Paul Davies ／林一譯／草思社文庫

《改變世界的外行發明家》志村幸雄／日經獎金系列

《空氣之發現》三宅泰雄／角川 Sophia 文庫

●社會

《找到社會真實的方法》堤未果／岩波 JUNNIOR 新書

《日本人代表》內存鑑三／鈴木範久譯／岩波文庫

《深夜特急》澤木耕太郎／新潮文庫

《風之男 白洲次郎》青柳慧介／新潮文庫

《坂上之雲》司馬遼太郎／文春文庫

午休時間就到這裡。

第五堂課馬上開始，請大家稍待片刻，休息一下吧！

# 第五堂課

# 發揮讀書的驚人力量

各位，我們現在就開始上最後一堂課吧！

本書設定是 5 個小時的短期課程，現在終於要結束，真是有些不捨。

首先，謝謝大家一直聽我講課到現在。

要接近
尾聲了！

演講時我總是隨心所欲，特別是在休息時間，更是暢所欲言，所以我講起課來其實不會很累。

大家能夠聽我講課到最後，真的非常感謝。

從小到大，父母一直叮嚀我一件事。

那就是「人生最寶貴的是時間」。

因此我打從心裡感謝大家把寶貴的時間花在我身上。

在這段時間，我會將自己努力思考後得到的結論，盡可能傳遞給大家。由於最後上課時間只剩一個小時，請大家陪我到最後吧！

那麼，接下來就是依照慣例的確認時間。

請把第四堂課學過的內容做個統整，並回答下面的問題。

為了享受讀書的樂趣，從今天起，你會採取什麼行動？

① _____

② _____

③ _____

▶請你寫出三個行動。

人可以輕鬆記住三個事物。

寫出三個行動，接著請你記住這三個行動，從今天起，就開始行動。

要從今天開始喔！

現在我們就開始上最後一堂課吧！

最後我要講跟「讀書」沒什麼相關的事。

我打從心裡期待著能跟大家講這件事。

這應該是所有課程中我最期待的部分。

到底要談什麼呢？就是「看書」。也就是說，想跟你談關於「讀書」這件事。

## 一定要看書嗎？

一開始先跟大家說明一件事。

　　這堂課的內容，並不是在倡導「你一定要看書」。

　　我一年至少會看 300 本書，可是我並不覺得「看書的人很偉大」，反而會認為「能瞭解看書的人並不偉大」才是讀書的意義之一。

　　不喜歡看書的人，不看書其實也無妨，人不看書也可以活下去。

　　輿論常說，「孩子變得愈來愈不愛看書了」，但事實上並不是這樣。

　　根據田野調查，我們可以知道，國中以前的孩子看的書其實比大人還要多。（*1）

　　所以請大家對自己要有一點自信。

　　「最近的年輕人真是……」這種說法跟「今年颱風會很大」一樣，每年都會有人說：「最近的年輕人怎樣怎樣……」這樣的話幾乎都沒什麼根據，而這種論述方式從幾千年前開始，人類就一直沿用至今。

（*1）根據日本文化廳註1針對「在一個月裡會看多少書？」進行的調查（參照平成 20 年「有關國語的市調」），回答「沒有看書」的人裡，成年人（16 歲以上）占了 46.1%這麼多。此外，包括沒有看書的人，「兩本以下」的人竟然有 82.2%。居然每 5 個人中約有一個人，在一個月內看不到三本書。從這件事可以知道「我們沒有看書也能活下去」。

順便來看看跟大家一樣的國中、高中生看了多少書。

根據每日新聞社進行的「第 55 次讀書市調」，一個月平均讀書量，中小學生有 8.6 本、國中生有 3.7 本、高中生有 1.7 本。

## 我們看的書比以前的人多

相信許多人都看過不少書，但我並不是叫你去「看書」（如果你是不喜歡看書的人，聽完第五堂課的內容，如果你覺得有趣，請開始看書吧！）。

既然大家讀了這麼多書，就請和我一起來思考關於讀書的事吧！

在「喜不喜歡讀書」的調查中，約有八成的小學生，以及超過七成的國高中生，回答「喜歡」（很喜歡＋算是

喜歡）。

　　一個月連一本書都沒看的人，小學生占了 5.4%，國中生有 13.2%，高中生有 47.0%。到了高中人數一下子變多。讀書的數量多寡，應該是與學校是否有安排「早自習」有很大的影響。

　　我不知道在各位的學校裡，是否都有「早自習」時間。根據日本「早自習促進協會」調查，至 2011 年 12 月 9 日為止，日本全國共有 26,969 所學校有「早自習」，其中國小有 16,638 所，國中有 8,264 所，高中有 2,067 所。

　　日本全國共有國小大約為 2 萬所，國中為 1 萬所，高中有 5,000 所，從調查可知，日本的國小跟國中幾乎都有早自習制度，但高中則有超過一半的學校沒有早自習。

　　可見有沒有「早自習」對讀書的影響很大。

## 讀書不是義務才有趣

　　為了談論關於書的主題，我看了幾十本關於「讀書法」的書，這些書的立場幾乎都是「因為書很有趣，所以要看」，其中有些書甚至認為「一定要看書，這是義務」。

　　沒錯，真的有書寫著「讀書是義務」這種內容，如果

跟正在讀這本書的你說「你要看書！」這樣感覺好像不太
有意義。啊！其實這本也是關於讀
書法的書（笑）。

我從不覺得讀書是義務。

如果變成義務，就會變得很無
聊。

「什麼嘛！原來不是義務，每
個人都一直叫我看書，既然如此，
那我就不看了。」不知有沒有人會
這麼想。

但我想要請大家思考一件事情，如果一件事不是義
務，就會讓人覺得是在浪費生命，是否因為不是義務，才
會出現有趣的感受呢？

我說得沒錯吧？電視、漫畫、電影、KTV，因為都不
是義務，所以才有趣。

如果出一個功課，規定「每天看電視4個小時，並且
要定期提出心得報告」，這樣一來看電視就會變得很無
聊。

所以「**不是義務**」，而是「**自由**」，**這樣才是享受。**

也可能有人會說「可是，早起讀書是學生的義務
啊！」這裡先不要想得那麼複雜（笑）。即使用義務為名

義，也只是強迫。而感受到自由，才是個人的意志（我是
打算要說些有深度的事）。

自由探索讀書的有趣之處。

難得讀書，不妨思考一下關於讀書的事吧！

## 主動讀書・被動讀書

我們大致上可以將讀書分成兩種。

一個是「為了要得到什麼」而讀書。

也就是要「主動去得到訊息」，我把這種讀書方式稱
為「主動讀書」。

另外一個是「為了享受」而讀書，並沒有想要得到什
麼。

我將這種單純進入書的世界的情形，命名為「被動讀
書」。

國高中生以「被動讀書」情形較多。

從國高中生的暢銷書排行榜，就可以知道，以小說或
藝人的小品占多數。

其中最多的書是翻拍成電影或電視劇，這些書屬於休
閒書籍。（*2）

## 讀書分兩種

主動讀書　　　　　被動讀書

　　當然討論「主動讀書跟被動讀書哪個比較好」沒什麼意義，基本上看喜歡的書就可以，無論是推理小說、散文、藝人作品、輕小說都可以，比起「討厭書本」，不如看這些書。

　　話雖如此，若能兼具主動與被動的方式來讀書，會比偏用一種方式讀書更好。我要表達的是，「主動與被動，讀書本來就有這兩種情形，請你們區別這兩種方式來讀書。

　　那麼，讀書的意義是什麼呢？

　　我因為太喜歡讀書，所以想舉出 2、30 個理由，可是若舉太多理由，會有說教的感覺（我想盡量避免這種情況，因為畢竟我還是個年輕人），所以特意只舉三個，其中第三個還是我一說再說的重點……（笑）

（*2）在翻拍成電視劇的書中，佐藤多佳子寫的《轉瞬為風》（講談社）是對國高中生來說比較好讀的好書，雖然這是很厚的三本長篇小說，可是青春節奏的內容，很快就會看完。我是在大二時看的，翻拍成電視劇前，我在輕快的節奏中閱讀，不到幾天就讀完了。

## 讀書 3 意義
## ①遇見未知的世界

這是我最喜歡的理由。

不管是小說還是散文，都能讓我們遇見未知的世界。

我們每天都在過「普通」的生活，世界上有 70 億人之多，對 70 億人來說，每個人都有屬於一個自己的世界。

因為讀書，我們可以遇見一個作者，他或許花了一段時間完成他的作品，但我們卻可以進入他所想像的世界。

只要花一點錢，就可以買到一個人的世界，這簡直是太「划算」了。

## 讀書 3 意義
## ②學會更多詞句

其次是詞句。

讀書能夠學會很多很難、很酷、很美的詞句。

讀書時，如果遇到了你認為「就是這一句！」的詞句，建議你馬上寫下來、記住，如果有一天遇到煩惱，你可能會被那個詞句拯救喔！

此外，剛剛提到過「每個人都有一個自己的世界」，自己的世界會被自己所使用的詞句所限制住，所以若能懂其他詞句，就可以改變自己的詞句用法，進一步會因此改變對世界的看法。

這個意義對國中生來講，可能會有點困難，但高中生則可以多多加以思考。（*3）

（*3）關於增進詞句的認識，除了讀書以外，我建議大家可以看日本的單口相聲。最近我工作很忙，比較沒時間去觀賞，但我在大學的時候，常找時間去劇場，那段時間確實讓我增加不少詞彙，而且在不知不覺中學會中世紀和近代的背景知識。最重要的是，很有趣！有關單口相聲的書，我對立川志raku寫的《單口相聲進化論》（新潮選書）、立川談志寫的《人生，一路走來—記談志一生》（新潮文庫）留下深刻的印象。這些是近期出版的書，讀起來較輕鬆。

## 讀書 3 意義
### ③感受度變強

最後我要提出「感受度會變強」這個意義。

雖說如此，我自己對於「感受度」這個詞的意義，並沒有充分的掌握。

很多人會用「感受度」來形容對事情的感覺，可是關於「感受度」這個詞彙的定義，我還沒有充分的定論。

關於感受度是什麼，在這裡我要介紹一句話給大家。

那是在雷蒙‧錢德勒（Raymond Thornton Chandler）的推理小說中裡出現的句子。（*4）

"If I wasn't hard, I wouldn't be alive. If I couldn't ever be gentle, I wouldn't deserve to be alive."

這句英文翻過來的意思是「如果不強硬，無法活下去；如果不溫柔，沒有資格活下去。」

我覺得感受度的本質就藏在這句話中，請大家慢慢思考……不好意思，感覺我很不負責任（笑）。

相信各位現在能漸漸了解「讀書原來很重要！」我要開始進入「所以要怎麼看書才好呢？」主題。在這裡，我推薦 5 種讀書的方法。

（*4）我看過清水俊二翻譯的《Playback》（早川文庫），內容很有趣。我覺得世界上應該沒有內容是毫無感情的書，所以大家在看完這本書後，可能會像我一樣產生嶄新的感受。

### 清水老師獨創 5 讀書法
## ①寫原創書介

　　我從國小開始，就很討厭寫讀書心得報告。

　　前一陣子，我有機會跟得到直木賞的作家——志茂田景樹先生對談，他說：「我也很討厭寫讀書心得。」為什麼討厭寫呢？雖然讀書心得是「自由書寫」，可是卻有「老師要評分，所以你們要寫會讓老師喜歡的文章」這種壓力。

　　也是所謂的「你們要看情況」的感覺。（*5）

　　如果我也要求你們，要製作像讀書心得的長篇文字，可能有人會因為討厭做這件事，而變得討厭讀書。

　　所以我想介紹給大家，能自由表達自己心得的方法，也就是如何介紹自己喜歡的書。

### 寫書介

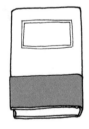

通常書籍會有封面或書腰，上面會寫著介紹書籍的文字，稱為文案。

做你自己的原創書介，不用寫出什麼引人注目的內容，只要忠實地寫出自己看書的感覺，「想要跟別人分享」的內容即可。

有著「想要分享」的心情，做書介是很有用的。

（*5）我就是那種很討厭寫讀書心得的學生，直到現在還是不喜歡。雖然我的寫作尚未成熟，這麼說會讓人有負面的感覺，可是我認為，如果想要培養文筆，比起讀書心得，還不如寫摘要。為了寫學校推薦書的讀書心得而看書，那對這本書留下好印象的可能性就會接近於零。

---

**清水老師獨創 5 讀書法**
## ②用三句話寫出讀書心得

如果讀完書只要求寫下 3 行左右的讀書心得，相信人人都能享受讀書樂趣。

但其實文章愈短，愈要用頭腦思考。

馬克吐溫的名言之一 "I didn't have time to write a short letter, so I wrote a long one instead."（因為我沒時間寫短信，所以改寫長信來代替。）（*6）

短的文章比較難寫，可是很有趣。

不是按照自然想到的事情隨便寫心得，而是經過思考，花幾分鐘統整再寫，這個動作比較有趣。寫網誌的時候，我會像這樣盡量不要寫太長。

（＊6）「不用多餘的詞句，簡短地表達出自己想要傳達的意思」我認為這是個專門技能。如果有興趣，不妨看看高濱虛子寫的《俳句作法》（角川 Sophia 文庫），內容之深奧，會讓你不禁感嘆喔！比起俳句的 17 個文字，我們日常生活中的聊天，就感覺一點美感也沒有。

## 清水老師獨創 5 讀書法
## ③列出「希望書單」

這是我很尊敬的一位國文老師──大村濱老師，他在上課時所施行的事。

有一些書比較難，即使你現在看不懂，也不用失去自信。因為現在不懂，不代表以後不懂（這是一件很重要的事），要相信自己總有一天會有能力看得懂。而培養閱讀

能力的第一步就是列一份希望閱讀的書單。

清水老師獨創 5 讀書法
## ④挑戰經典

有人一聽到「經典」就開始發抖嗎？

我並不是指「看古文」，而是看翻成白話文的書。

經典並不是指「目前很暢銷的書」，而是從「以前」或是「很久以前」就一直賣得很好的書。

能持續暢銷的書，一定有某些理由。

這些理由，抓住了很多人的心。

我認為其中一個理由是「經過時間歷練」。

雖然「經典」是比較難的書，但還是可以從中挑出一些書，試著挑戰。我推薦大家看的「經典」書籍如下。

以中國經典書籍來說，《論語》或《菜根譚》都很適合。《論語》很有名，可是我是個有點自相矛盾的人，所以我也會讀《菜根譚》。

如果是西洋經典，在腦中立刻浮現的是理查‧巴哈（Richard Bach）的《天地一沙鷗》，這本書已有 40 年的時光，不算是古典文學，可是只要讀過，你就會感覺生命充滿了力量。這本書出現在日本國小的國語教材中。即使

我現在成為東大研究生，仍經常重複閱讀。到現在我還在讀國小時讀過的書，有時會產生不可思議的感受，相信所謂的好書就該是如此。

即使以後，我也會經常重讀《天地一沙鷗》。（*7）

以日本經典作品來說，我大約會挑出 100 本左右，小說包括川端康成、太宰治、三島由紀夫等名家，說下去會沒完沒了，所以先不談小說。其中我個人覺得比較特別的一本書是《你們要如何生活？》（吉野源三郎／岩波文庫）。

這些書是我國中開始看的書，即使現在再讀一遍，還是能有所感受。雖然我不太喜歡身為思想家的吉野老師，但我覺得《你們要如何生活？》是本名著，他寫作這本書時才 38 歲，從書中可以感受到他的「不同之處」。（*8）

（*7）最近讓我覺得很有趣的書是 10 年前在法國流行，由 Franck Pavloff 所著之《褐色之晨》（藤本一勇譯／大月書店）。這本書不算是經典作品，但政治色彩太強，不過因為是高橋哲哉的詮釋所以很值得一看。這本書主張「放棄停止思考」，讓我想起 THE BLUE HEARTS 的歌詞「炸彈落下時，你什麼話都沒有說，代表全部都已接受了」，可能沒有人認識 THE BLUE HEARTS，Linda Linda 是這首歌的原唱。

（*8）我所介紹的書似乎都偏向自由主義，難免會被誤會是個自由主義者。事實上並不是這樣，我非常喜歡日本。我們這個世代，本來就是與右派或左派無關的世代，因此我希望能將真正的好書推薦給大家。

## 清水老師獨創 5 讀書法
## ⑤提出反對意見

在我所讀過的書中，有兩本讓我收穫超級多。

1.《讀書之書》（M.J.Adler C.V. Doren ／外山滋比古、槙未知子 譯／講談社 學術文庫）

2.《關於讀書》（Arthur Schopenhauer ／齋藤忍隨 譯
／岩波文庫）

前者非常仔細地分析讀書的行為，後者是用極為批判
的角度來分析讀書的行為。

在這裡我想介紹的是後者《關於讀書》。這本書說：

「讀書是一件讓別人幫你思考的行為，每天把時間花
在讀很多書的人，會漸漸失去自我思考的能力。」

這是很沉重的一句話。

如果要說讀書的缺點，應該就在這裡。

我覺得沒必要把讀書想得很複雜，但也請不要「囫圇
吞棗」，有時候也要提出反對意見，這才是正確的讀書
法。

以上是我所推薦的 5 種讀書法。

我最希望大家都能「享受讀書的樂趣」。
若大家都能喜歡讀書，那就太好了。

但是一個人往往不容易堅持下去，所以不妨把朋友一
起拉進來讀書。

跟朋友一起討論有關讀書的事。

「喂，你最近有沒有看什麼有趣的書啊？」把這句話

變成你的口頭禪，跟身邊的人一起養成良好的讀書習慣。


註1：文化廳為日本教育部單位之一，負責統籌日本國內文化、
　　　宗教交流等事務。

## ■ 結　語

　　這本書與其說是在介紹「考試技巧」，不如說是「思考讀書」這件事。

　　讀完本書的讀者們，不知道是否能理解我說這句話的意思？

　　希望大家能以本書為契機，開始思考讀書，接著採取行動，又再次思考，經過思考，又展開行動，然後又再次思考，若你能這樣反覆進行，就太好了！

　　我第一次寫書，是在 22 歲的時候。

　　寫作本書時，我 24 歲，在這個年齡寫書，實在是驚險刺激的一件事。

　　這本書是我的第三本書，三次的經驗都讓我有驚險刺激的感覺。

　　這個年紀，站在人前接受評價，可能還嫌太早。

　　跟許多大人們相比，我的經驗較少，這是事實。

　　可是我相信，有一些東西，只有年輕的時候才寫得出來。

　　我和國高中生還擁有「同世代的感覺」，所以才能寫出沒有隔閡的東西。

為了全國的國高中生，我決定繼續寫下去。

社會的結合，是靠每一個人的力量。

我希望能讓社會變得更好，就算是只有進步一點點，我也要繼續努力下去。

寫這本書之際，我受到很多人的照顧。

實務教育出版的堀井太郎先生，給予我很多的幫助。

一直照顧我的東京大學研究所教授田中智志老師，以及母校海城學院國中、高中的學習指導部長春田裕之老師，我想對他們表達感謝。

在經營管理方面，我要感謝前輩 Onkyo 大朏時久先生，補習班界的山田未知之先生、作曲家菅原直洋先生、東急不動產的五島順先生，還有在補習班經營給我與眾不同指導的 TEACHING PRO 國小數學香取輝忠代表，他們都給了我很多建議。此外，我從青森縣三戶町教育委員會教育事務執行長友田博文先生，還有總幹事馬場幸治先生，也得到許多指導，真的很感謝大家。

還有小田圭介、長江政孝、八尾直輝、尾上太郎、松橋俊輔、岸誠人、渡邊健太郎、菊池里紗、長谷川桂紬、桑山巧已、佐藤大地、飯田淳一郎、淨泉和博、樽田貫人

等約 60 位 Plus- T 的工作人員，大家一直支持著我，給我
很多的力量。

　最後我打從心裡感謝養育我的父母，與我的兩位哥
哥。

感謝我曾遇過的所有孩子們

清水 章弘

**Note**

Note

**Note**

國家圖書館出版品預行編目資料

東大最強驚奇讀書法：日本第一補習名師特訓班
／清水章弘作；雲譯工作室譯.
-- 初版. -- 新北市：智富, 2013.10
面； 公分. --（風向；68）

ISBN 978-986-6151-52-1（平裝）

1.筆記法　2.讀書法

019.2　　　　　　　　　　　　102014041

風向 68

# 東大最強驚奇讀書法——日本第一補習名師特訓班

作　　者／清水章弘
譯　　者／雲譯工作室
主　　編／陳文君
責任編輯／張瑋之
封面設計／鄧宜琨
出 版 者／智富出版有限公司
發 行 人／簡玉珊
地　　址／（231）新北市新店區民生路 19 號 5 樓
電　　話／（02）2218-3277
傳　　真／（02）2218-3239（訂書專線）、（02）2218-7539
劃撥帳號／19816716
戶　　名／智富出版有限公司　單次郵購總金額未滿 500 元（含），請加 50 元掛號費
酷 書 網／www.coolbooks.com.tw
排版製版／辰皓國際出版製作有限公司
印　　刷／長紅印刷事業有限公司
初版一刷／2013 年 10 月
　二刷／2014 年 2 月

I S B N／978-986-6151-52-1
定　　價／250 元

JIBUNDEMO ODOROKUHODO SEISEKI GA AGARU BENKYOUHOU
© AKIHIRO SHIMIZU 2012
Originally published in Japan in 2012 by JITSUMUKYOIKU-SHUPPAN Co.,Ltd.,
Chinese translation rights arranged through TOHAN CORPORATION, TOKYO.

黏貼處

# 讀者回函卡

感謝您購買本書，為了提供您更好的服務，歡迎填妥以下資料並寄回，
我們將定期寄給您最新書訊、優惠通知及活動消息。當然您也可以E-mail：
Service@coolbooks.com.tw，提供我們寶貴的建議。

## 您的資料（請以正楷填寫清楚）

購買書名：_____

姓名：_____ 生日：_____ 年 ____ 月 ____ 日

性別：□男 □女　E-mail：_____

住址：□□□_____縣市_____鄉鎮市區_____路街
　　　　　_____段_____巷_____弄_____號_____樓

　　　聯絡電話：_____


職業：□傳播 □資訊 □商 □工 □軍公教 □學生 □其他：_____

學歷：□碩士以上 □大學 □專科 □高中 □國中以下

購買地點：□書店 □網路書店 □便利商店 □量販店 □其他：_____

購買此書原因：___ ___ ___ ___ ___ ___（請按優先順序填寫）
1封面設計　2價格　3內容　4親友介紹　5廣告宣傳　6其他：_____


本書評價：____ 封面設計 1非常滿意 2滿意 3普通 4應改進

　　　　　____ 內　　容 1非常滿意 2滿意 3普通 4應改進

　　　　　____ 編　　輯 1非常滿意 2滿意 3普通 4應改進

　　　　　____ 校　　對 1非常滿意 2滿意 3普通 4應改進

　　　　　____ 定　　價 1非常滿意 2滿意 3普通 4應改進


給我們的建議：_____

_____

_____

電話：(02) 22183277
傳真：(02) 22187539

生活良品・智慧書香

品味生活・閱讀人生

廣告回函
北區郵政管理局登記證
北台字第 9 7 0 2 號
免貼郵票

231新北市新店區民生路19號5樓

世茂
世潮 出版有限公司 收
智富